El Continente Próximo

Eduardo Roig

© del texto
Eduardo Roig

© de las imágenes
sus autores
*Todas las imágenes se han
realizado a través de IA generativa*

© de la edición
© Ediciones Asimétricas, 2025
C/ Cartagena, 164. Of. B
28002 Madrid
www.edicionesasimetricas.com

Diseño de colección
Toni Cabré

Maquetación
Emi Ramírez

ISBN
978-84-10065-80-2
Depósito Legal
M-27046-2024

Impresión
Estilo Estugraf Impresores

Impreso en España
Printed in Spain

Agradecimientos

A Nieves Mestre, por aportar su valiosa intuición en la revisión de los textos; a Amalia Segovia, por la mirada luminosa; a Javier Echeverría y Marina Garcés, por el apoyo y la estela fértil; a María Fernández Hernández y a Juan García Millán, por los cuidados editoriales; a Atxu Amann, a la tripulación y estudiantes del MACA y DOCA, por estos diez años inolvidables; a Emilio López-Galiacho y Liana, por los primeros años del Proyecto Virtual y haberme enseñado tanto; a Alejandro García y Ana Herruzo, por la oportunidad de acompañaros en vuestras tesis tan próximas; a Andrés Cánovas, por las conversaciones latinas; a Mary Beard y Mª Jesús Quesada, hadas de la Antigüedad; a Miguel Guzmán, por estallar el Partenón; a Idoia Otegui, por la línea rosa de Complutum; a Martín Mahíllo y Rafa Maral, por las filosofías del Joyfe; a los Viguera, por la complicidad de rellano; a Óscar Gamarra, Isabel Núñez y Alfredo Álvarez por su labor en la sala de máquinas; a Angelique Trachana, por las enmiendas griegas; a Yasaman y Ali, por los viajes persas; a Jorge Nieto, por las conversaciones en bata; a Lorenzo Oricain por recibir el primer manuscrito; a la UE Research Executive Agency, por abrirme las puertas del panel de ingeniería; a Sara Marini (IUAV), Orfina Fatigato (Univ. Federico II), Nicolás Maruri y Silvia Colmenares (UPM), por acoger conversaciones preliminares o conferencias sobre este trabajo; a mis padres, especialmente, por el trabajo inspirador; a Óscar y Celia, por vuestra perspicacia en el arte de inventar palabras.

Índice

Prólogo

El reloj de la tecnología no se ha detenido nunca y no parece que vaya a hacerlo precisamente ahora. Los sucesivos fracasos por implantar tecnologías más y más inmersivas —esas que abren las ventanas de los mundos hipermediados— nos acercan a un futuro de máxima *tecno*-dependencia. Pero ya se sabe: en ciencia el fracaso no es sino la antesala del éxito. Tal inquietante porvenir avanza decidido a nuestro encuentro, sorteando con diligencia el conjunto de interrogantes que históricamente han inquietado a los humanos. Entretanto, apenas unos pocos insistimos en la necesidad de ofrecer una mínima *tecno*-resistencia.

Y así, una vez más, en este nuevo día luminoso y frío de abril, el planeta Tierra se abandona a la eficaz deriva tecnológica sin posibilidad de negociación, ni resquicio de diplomacia alguno.[1] Algo nos empuja con violencia hacia el Continente Próximo. Es sabido que la innovación siempre gana —unos pocos ganan, casi nunca todos—, y que la objeción, la controversia o la crítica ya no resultan acciones a la mano de cualquiera, ni tan siquiera en este tiempo pionero en que la vida de siempre y la última tecnología aún se interpelan simulando parecer ajenas. Será entonces, en ese pronóstico de vida que ahora se diseña en los laboratorios de inteligencia artificial, cuando pensar en habitar cualquier escenario alternativo —por ejemplo, el mundo de hoy— constituya un acto de disidencia.

A la vista del tenso horizonte, no parece prudente permanecer de brazos cruzados, aceptando con resignación el designio de un progreso tecnocéntrico sin límite, amparado en el regreso climático y social. Muy al contrario, me inclino por iniciar, cuanto antes, los preparativos disidentes para lograr un encaje biocompatible de las especies en la geometría de poder de doble filo que, a buen seguro, exhibirá el orden tecnológico en ciernes. Puede que no nos quede otra que trazar una estrategia menor que al menos asegure unos primeros pasos tranquilos, pero voluntariosos, hacia un escenario más amable. Tal vez sea oportuno comenzar por revisar lo cercano, los objetos tecnológicos cotidianos que se inmiscuyen, con diferente grado de virtualidad, en nuestras rutinas, en las arquitecturas que habitamos. Son muchos y todos *útiles* y todos complementan nuestra seleccionada, aunque imperfecta, naturaleza biológica. Y sin embargo, pese al afán comercial que gusta de confrontar de un lado lo carnal y de otro lo artificial —póngase usted, sujeto humano, frente a la otredad que representa la tecnología—, mucho me temo que hace ya tiempo no se da tal confrontación: nosotros mismos *somos* tecnología; nosotros somos el Continente Próximo.[2]

Urge someter a examen los hábitos adquiridos tras la revolución digital a la vista del proceder de las nuevas generaciones más y mejor equipadas, sobradamente *tecno*-musculadas en los gimnasios virtuales. Tan sólo ocuparnos en esclarecer los conflictos que ocasionan las tecnologías en punta, cuando no simular o predecir su comportamiento, exigiría de nuestra parte una notable capacidad operativa y crítica para poder repeler impactos no deseados. Puede que usted la tenga, pero, como especie, no hay duda de que no acreditamos tal destreza, ¿acaso no podríamos adquirirla?

Cuando el tiempo *tecno*-dependiente concluya su eclosión será bueno disponer de un conjunto de contramedidas capaces de mitigar el riesgo de esta dominación. Este punto de inflexión tecnocrática, la denominada *singularidad tecnológica*, señalará la superación de la inteligencia humana biológica por las inteligencias humanas no vivas. Mientras tanto, cada cual recorre su enfilada tecnológica hacia el Continente Próximo, alejándose del mundo de siempre a distintas velocidades. Un mundo que se abandona sin más —«como se abandonan los zapatos viejos», que diría J. Sabina—, renegando de su presencialidad agonizante y nada prioritaria a ojos de los algoritmos.

Hay quienes viajan a regañadientes, sentados en el vagón de la consternación y el reproche; quienes lo hacen en el tiempo mínimo del cazador ansioso por cobrarse la presa sanguinolenta que la tecnología promete; quienes viajan en clase preferente disfrutando de su pack de *tecno-amenities*, cómodamente instalados en la burbuja mediática de los algoritmos comportamentales; hay quienes desarrollan agudas ciberfobias; y, finalmente, está esa gran mayoría de seres anónimos que viajan sin advertir el coste del viaje, el trayecto recorrido o, sencillamente, sin ser conscientes de haber partido.

Sepan que no vengo a hablar tanto de viajes, como a emprender uno en su compañía. Viajar implica indagar en los confines de cada cual hasta lograr un extrañamiento completo para, sólo entonces, caer rendido ante lo que realmente somos. Por tanto, cada vez que concluimos un viaje, de algún modo, nacemos de nuevo. Aunque en este alumbramiento, a diferencia del nacimiento donde se produce el abandono del seno materno, somos nosotros los que nacemos, no nos nacen. Este viaje que emprendemos concierne al sujeto individual, a usted, como gran desconocido —incluso para usted—, pero también al sujeto *panhumano* que nos sindica como especie y también al *posthumano* que trasciende la jerarquía especista en favor de otras geometrías más equidistantes. Es la condición posthumana prescrita por Rosi Braidotti la que reclama el necesario alejamiento del género *Homo* como estrategia de emancipación del antropocentrismo: el hombre ya no es la medida de todas las cosas.

Enseguida advertirán que viajar al Continente Próximo no tiene sentido alguno sin la promoción de un protagonismo viajero compartido. Qué sería de nosotros sin la «hipótesis de Gaia», felizmente formulada por J. Lovelock en 1983, y su idea de que el planeta es un sistema autorregulado similar a un ente vivo que tiende a mantener un complejo equilibrio ambiental y una homeostasis para preservar la vida. Como él, muchos apostamos por una manera empática de pasar por el planeta azul, rechazando cualquier orden interpuesto que disponga a los humanos un peldaño por encima o por debajo de todo lo demás. A vosotros, humanos viajeros que pronto veréis ceñir las velas cuánticas rumbo a los dominios continentales, os deseo el mejor viento y una generosa condena.

Introducción

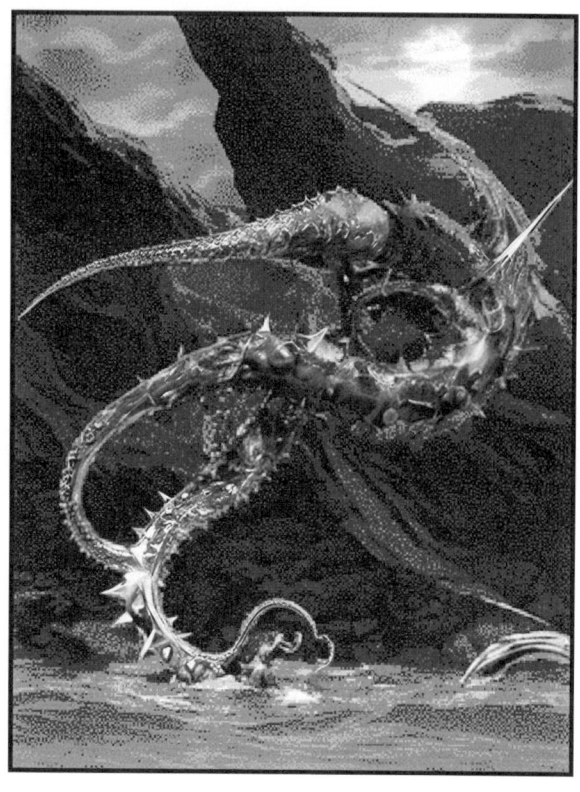

Fig. 1. ☆.₊˚⋆ ∞-bit ⁺˖⋆✧
[Alberto Calderón Rivas]

> **La superficie del agua, con el tiempo, se convirtió en un libro maravilloso, un libro que era un idioma muerto para el pasajero no instruido, pero que me hablaba sin reservas, revelándome sus secretos más preciados con tanta claridad como si los pronunciara de viva voz. Y no era un libro para leer una sola vez y luego olvidar, pues tenía una nueva historia que contar cada día.**
>
> Mark Twain,
> *Vida en el Mississippi*, 1883[3]

Cada vez que el mundo antiguo nació, lo hizo con un gran viaje. Así lo atestiguan los fragmentos que se conservan del *Poema de Gilgamesh* (2500-2000 a.C.) escrito en unas tablillas de arcilla cuyos glifos cuneiformes aún rememoran las aventuras del rey de Uruk y cómo éste emprendió la búsqueda de la inmortalidad marchando a los confines del mundo conocido. Aquella epopeya iluminó Babilonia y la cultura sumeria, revelándose a la postre en el *espejo* en que tantos poetas ávidos de viaje habrían de encontrar inspiración. Tómese aquí el sentido del verbo latino *speculare* «mirar desde arriba», tal vez desde una atalaya para ver más allá, en lugar de *speculum*, espejo.

En la guerra, el *speculator* romano era el soldado explorador que hacía la labor de inteligencia, observando y advirtiendo acontecimientos como, por otro lado, hacen sin duda los poetas y artistas.

Tras esta primera gestación, la Antigüedad quiso renacer un milenio después lejos de aquel espacio primigenio cuyo nombre, Mesopotamia o «tierra entre ríos», designaba el territorio fértilmente confinado por los cauces del Tigris y el Éufrates. En esta ocasión, el alumbramiento se produjo en las montañas de la Hélade, madre profética que alimentó el apogeo de un conjunto de ciudades-fortaleza llamadas a ser cuna de la cultura occidental. Allí fue donde el viaje épico compilado en los cantos homéricos de la *Ilíada* y la *Odisea* sacudió con sus mitos la cultura arcaica. El impacto fue tal que sus versos aún nos tienen cautivos. Cada vez que Europa se mira en el *espejo* —como hace ahora, temerosa del nuevo orden geopolítico—, este siempre le devuelve, implacable, una imagen que empezó a fabricarse en aquel tiempo.

Se dice que Alejandro no se separó ni por un instante del ejemplar de la *Ilíada* que su preceptor Aristóteles le regaló en los años de juventud. Fue hacia el 343 a.C. cuando el rey Filipo II llamó a Aristóteles, que apenas pasaba de los cuarenta, para que se encargara de la formación de su hijo Alejandro de trece años. Según las fuentes, y a pesar de sus temperamentos opuestos, el pupilo siempre le mostró respeto; guardaba aquel volumen con anotaciones manuscritas del maestro en un preciado cofre incautado a su gran enemigo persa, el rey Darío. Su destino se forjó en ese libro, tanto es así, que cabe tomarse como auténtico augurio del personaje que llegó a ser y cuya leyenda hoy pervive. La maquinaria de la *Ilíada* demostró enseguida su capacidad evocadora y viral. Sus cantos se propagaron como lo hacen las pandemias: de boca en boca; de siglo en siglo; de metáfora en metáfora. Sus rimas acompasadas acaparon los corrillos de los pastores que se reunían a la sombra centenaria de los olivos de la Arcadia. Su épica reverberaba en la *stoa* pétrea, llamando la atención de una ciudadanía que se afanaba en el quehacer diario; y en las escuelas, donde se enseñaba a interpretar el mundo en compañía. Eran tiempos no muy distintos al nuestro, con un *logos* (razón) que pretendía desmontar con urgencia el *mythos* (mito) heredado, blandiendo una *episteme* (ciencia) tenaz e irrefutable.

Un último mito se erige hoy, concebido desde la ciencia y la técnica por el «absolutismo de la realidad». Este concepto desarrollado por H. Blumenberg en *Trabajo sobre el mito* señala a la «fe moderna en la ciencia y en el mundo técnico como la que impide reflexionar libremente sobre un punto central: cuestionarnos si hemos tejido otro mito, si tenemos, en el fondo, el convencimiento de ser los protagonistas de *un último mito*, ya definitivo, porque nos concebimos como totalidad». El *tecno*-mundo que habitamos, ya incomprensible sin el sufijo, se nos ofrece cada mañana como un crisol neutro de innovación y progreso. Ante tal extendida ilusión, algunos vivientes aquejados de trastorno disociativo advertimos la pujanza global del *mito tecnológico* como dogma interpuesto. Por el contrario, son muchos otros los tecno-creyentes que confían el cambio cultural y social al agente técnico. Mientras, el progreso se debate entre *haters* y *lovers*, entre adeptos y detractores de la invención tecnológica —dilema anticipado por el mito de Theuth y Thamus en el *Fedro* de Platón (274c-277a)—. Ante esta cuestión de fe, cómo no promocionar la observación incrédula y detenerse un instante a contemplar el horizonte. Parar, parar, parar.

Hace tiempo que dejamos atrás la orilla silícea del mundo predigital, en compañía de las otras 1.666,576 especies registradas por la ciencia,[4] si bien ellas lo hacen a remolque no consentido. Inducido por el *mito tecnológico*, este viaje que emprendemos remite en impacto y trascendencia a otros de naturaleza mítica, por ejemplo, el descrito hexámetro a hexámetro, canto a canto, en la *Ilíada* —la yesca de sus versos prende en cada página de este cuaderno de bitácora—. Pero también Roma, en su recién inaugurada etapa imperial, reclamó *a posteriori* un viaje insigne para gloria y genealogía del césar. La epopeya latina habría de escribirla Publio Virgilio en los doce tomos que darían cuenta de su *Eneida*. Como ya sucediera con Aquiles, el héroe Eneas también persiguió la conquista heroica de unos objetivos titánicos sin dejar de entretejer mito y realidad. Ni Gilgamesh, ni Aquiles, ni Ulises, ni Eneas sospecharon lo más mínimo de la trascendencia de sus periplos. Todos estos míticos sujetos, algunos dioses, otros héroes y otros reyes, se sirvieron de la experiencia del viaje por parajes inhóspitos para edificar, etapa tras etapa, una historia y una filosofía propia. A martillazos y con manifiesta sobredosis de testosterona, los cuatro jinetes identificaron la experiencia del viaje con una oportunidad verosímil de iluminar su propia espesura. En el mismo acto, tal vez sin quererlo, cada uno diseñó para sí la identidad genuina y nostálgica del salvador patrio, pero también una imagen complaciente y seminal para el conjunto de sus compatriotas. Aquellos viajes, en origen eficaces dispositivos de registro y divulgación cultural de cuantas hazañas realizaron sus pueblos migrantes, acabaron convirtiéndose en instrumentos políticos capaces de evocar la identidad de un pueblo con la firmeza y el vigor de un himno. Hoy no dista mucho de entonces; la identidad humana la diseñan las máquinas desde el Continente Próximo, hacia donde nos dirigimos empujados por el irresistible canto de las tecnosirenas [Fig. 1].

Claro que los tiempos habrían de impulsar otras prácticas viajeras activadoras de otras tantas palancas identitarias. Algunas engendraron filosofías capaces de evocar el *Zeitgeist* de una época a partir del renacimiento cultural de otras anteriores. Y con el paso de los siglos surgieron nuevos viajes a partir de los antiguos, y viajar trascendió hasta convertirse en vehículo dialógico para hacer filosofía: el viaje como metáfora. Porque *metáfora* designa el viaje de una palabra, su traslación o transferencia de un significado inicial a otro, unir dos puntos. En Atenas, los autobuses son conocidos como metaphores, en alusión a la acción de transportar, en esta ocasión, viajeros de un lugar a otro. Así me lo explicó otro Alejandro, sagaz centinela en la conversación viajera.

Bajo este patrón metafórico de ficción viajera, Sócrates exploró la caverna platónica con la intención de alcanzar a comprender el mundo sensible. Y cuánto ha dado que hablar aquella oquedad y qué oportuna resulta siempre su analogía respecto del entorno digital y de tantas otras ficciones. Por supuesto, a lo largo de los siglos se produjeron muchos otros viajes. Usted tendrá sus favoritos. La *Commedia* dantesca no es sino otra analogía viajera cuyos tercetos inducen a abrazar el paisaje que exhortan sus páginas. Una ficción que, de nuevo, brinda a lectores y lectoras la inmersión *offline* más verosímil. Según se cuenta, *il Sommo Poeta* se tenía en muy alta estima, algo por otro lado frecuente y casi consustancial a quien resulta tocado con esos geniales genes. Pero, aun así, Dante no llegó a intuir el impacto de su obra. La expedición a aquellos mundos virtuales descritos en la *Commedia* acabaría por estimular la transición al Quattrocento, alumbrando el mayor movimiento antropocéntrico occidental. Le contaré que guardo en mi poder, aunque no en una caja, un ejemplar muy especial convertido en *Commedia exquisita* por defecto de montaje editorial o por obra de un duende. Tal vez a alguien se le cayeran las páginas que van de la 525 a la 556, acabando traspapeladas a la 77. Y así, en mi particular *Commedia*, Beatriz salta despavorida directamente del Infierno al Cielo y viceversa, sin pasar por el Purgatorio, en un asombroso viaje cuántico bien distinto al que le tenía reservado su autor.

No han cesado los viajes en torno a la charca de ranas de Sócrates, como los que afrontaron los artistas y filántropos en los siglos XV y XVI para reivindicar el legado clásico. Pero también otros viajes, como los que consumaron los circunnavegantes o los viajes de los científicos naturalistas del siglo XVIII y XIX para explorar, registrar y, sobre todo, nombrar un mundo que asistía expectante al nacimiento del método científico. Y también otros viajes practicados desde otras hegemonías culturales ajenas a la cosmovisión eurocéntrica. No caben tantos en esta breve introducción, pero, seguramente, el conjunto de misiones al espacio exterior amparadas por la fría carrera espacial fue la última epopeya capaz de impactar en la cultura de un modo tan determinante. Y ya puestos a especular sobre el afán viajero de los pueblos y la trascendencia de algunos de estos viajes, me veo en la necesidad de reclamar también un viaje para este tiempo nuestro.

Tecnosofía de un viaje

**Fig. 2. El descanso del viajero
[Alexia Gray]**

En los tiempos antiguos, en aquellos viajes que no veremos más, las distancias no podían recorrerse sin fatiga; mas, a cambio de esa fatiga, tenían por compensación el conocimiento completo del país que se atravesaba y la alegría de las horas vespertinas cuando, bruscamente, desde lo alto de la última colina, el viajero descubría, tumbado en la pradera al borde del torrente que atravesaba el valle, la apacible aldea en la que iba a reposar, o bien cuando divisaba en la lejanía entre los rayos del sol de poniente, las torres de la ciudad famosa, final de un viaje largo tiempo deseado.

John Ruskin,
Las piedras de Venecia, 1851[5]

Estas páginas recogen la crónica de un viaje a mi parecer inevitable, aunque imperceptible para tantos viajeros y viajeras que habitan el Continente Próximo sin recordar cuando llegaron. Me refiero a quienes apenas se solivantan al llegar al final, tan profundamente inmersos en sus ocupaciones virtuales, tan distantes de los viajeros interpelados por Ruskin. El *esteta victoriano* —como él mismo se autodefinió—, fue viajero en su juventud, afición que heredó de su progenitor, un rico comerciante representante de los vinos de Jerez en Londres. Escribió varios libros que hoy podrían catalogarse como *libros de viajes* y ya se refería entonces a la pérdida de la experiencia del viaje [Fig. 2]. Pero la aventura que nos convoca a usted y a mi tiene poco que ver con los viajes fatigosos por los caminos polvorientos pues, al ser la mente la que viaja, aquellas fatigas son ahora de otra naturaleza y presentan diferente sintomatología.

Desde la primera versión de Windows (1985), muchas ventanas han sido abiertas y no pocas puertas cerradas. Entre tanto abrir y cerrar, la progresiva ventilación cruzada de los entornos digital y físico parece haber desplazado los elementos característicos del paisaje que acogía la vida predigital. Es sabido que el viaje al Continente Próximo no promociona «el conocimiento completo del país atravesado», pues abiertamente relega la experiencia viajera a un segundo plano. No importa el cómo, sino el cuándo se llega al destino. Fue en los tiempos apuntados por Ruskin cuando viajeros como Píndaro, Homero, Hesíodo y otros constructores de conceptos inauguraron la que, a la postre, sería la mayor campaña de abstracción de lo cotidiano que jamás haya existido en Occidente. A la par que se incorporaban para el pensamiento los territorios fértiles de la filosofía, los navegantes griegos ampliaban los confines físicos conocidos. Hoy, el viaje que nos ocupa exige detenerse y, como hicieran los poetas, tratar de articular una mínima filosofía abierta y emancipada. En nuestro caso será tecnosofía, será mecánica, y tendrá como objetivo explorar la travesía al Continente Próximo y registrar los sucesos que allí acontecen.

El ideal de progreso que vertebra la revolución digital invita a explorar un enfoque *movimental*, casi newtoniano, del fenómeno: ¿y si fuera posible otro modo de progresar? Frente a la acción reiterada del impacto tecnológico, cabe pensar en una reacción igual y de sentido contrario que permita lograr el equilibrio deseado por Lovelock, evitando así el desarrollo de una condición vital moldeada unilateralmente por el fragor tecnocientífico. La arquitectura que propongo es sencilla, de modo que Gaia cabría ser interpretada como un mecanismo que obedece a diferentes fuerzas y entidades.

Naturalmente, esta explicación en clave de mecánica clásica habría de conjugar nuestra propia dimensión técnica, como ya señaló Ortega, pero también la capacidad crítica que ostenta cada individuo. Aunque tal y como amanece el mundo hoy, no parece sencillo *reactivar el sentido común* para reformular nuestro vínculo con la ciencia y la tecnología, como propone Isabelle Stengers en su ensayo homónimo. Más bien, necesitamos un instrumento que nos ayude a afrontar el reto. Frente al impacto desatado de la acción tecnológica, que tantos naufragios se cobra, y que de ahora en adelante denominaré *tecnoma,* parece necesario tener a mano de cualquiera un dispositivo crítico generador de tales reacciones opuestas: un giroscopio que permita el gobierno de la nave que nos transporta al nuevo continente.

Durante la navegación hacia el Continente Próximo el giroscopio propinará cuantos giros críticos sean precisos, a modo de contramedidas o palancas para salvaguardar el equilibrio del *horizonte artificial* o plano geométrico que delimita la condición vital —en navegación aérea este instrumento es un indicador de la orientación de la nave respecto al horizonte—. El modelo que propongo se aplica a los entes vivos y a los inertes, a la condición humana y a la no humana de las otras especies vivas que resultan también golpeadas por el *tecnoma,* en su versión antropocéntrica más perniciosa.

Gracias al giroscopio es posible navegar en condiciones adversas de visibilidad ética, proporcionando al piloto —¿usted?— agencia para remediar los sesgos y desequilibrios que la tecnología a menudo infiere en la tranquila, pero frágil planitud que señala nuestro *horizonte artificial*. No son pocas las amenazas del *tecno*-poder que ansían romper su tendida posición para dar al traste con la diversidad, igualdad y libertad que milimétricamente dibuja. El giroscopio permite mantener o alterar la orientación, introduciendo correcciones a una deriva poco propicia que pudiera provocarse por la acción de alguna borrasca determinista, evitando así el tecnonaufragio. Nos indicará los grados de cabeceo y/o alabeo que precisan las rotaciones a introducir en la derrota de la nave.

Como fenómeno físico, encontramos el efecto giroscópico en el baile de la peonza; como dispositivo, el giroscopio se incorpora a multitud de máquinas como, por ejemplo, el *hoverboard*, informando sobre su equilibrio, al activar el freno o el acelerador. Steve Jobs puso todo su empeño en que los iPhone tuvieran uno que indicara en todo momento si estaba en posición vertical u horizontal y así rotar el contenido de la pantalla. Desde entonces se ha convertido, junto a la brújula y el acelerómetro, en pieza clave de nuestros *smartphones*. No obstante, los llamados sensores silenciosos tienen su peligro, pues hay estudios que demuestran cómo el giroscopio del teléfono puede revelar el código PIN y captar conversaciones. La historia de cómo un pequeño invento mecánico, que vio la luz hace más de ciento cincuenta años, resulta hoy indispensable para la convivencia es, cuanto menos, sorprendente. Apenas podemos sobrevivir sin giroscopios. Quién se lo iba a decir a su inventor, el físico Jean Bernard Léon Foucault, que en 1851 firmó la demostración empírica de la rotación de la Tierra mediante aquel enorme péndulo que Umberto Eco hizo universal en su novela *El péndulo de Foucault*. Gracias a su giroscopio podemos jugar a Pokemon Go. Gracias *monsieur* Foucault.

Cada uno de los viajeros que se embarcan al Continente Próximo han de cargar de giros su propio giroscopio para hacer frente a las vicisitudes del *tecnoma*. El mío incorpora el giro afectivo proveniente de las humanidades y las ciencias sociales, como acción que promociona un entendimiento del mundo desde la complejidad y biodiversidad. Abarca un amplio abanico crítico, desde la teoría psicoanalítica a la teoría del Actor-Red, desde los estudios feministas y las nuevas geografías culturales a las teorías posestructuralistas. La intención crítica de reformular conceptos como el *ser* propio, el *ser* ajeno (otredad), el *ser* colectivo, el *ser* viviente o el *ser* no-vivo, así como las relaciones o afectos que se establecen entre estos, construye alegatos que se oponen al sistema predictivo que exhibe la *diplomacia* tecnológica. El giro afectivo implica la intelectualización de los afectos, una acción a incorporar a la experiencia de habitar el Continente Próximo, como materia consustancial para el hermanamiento con la materia tecnológica.

El segundo giro del giroscopio incorpora la noción de una caja negra que ha de ser (ciencia) abierta para desvelar su contenido. El *cajanegrismo* constituye un protocolo que se activa ante ciertos mecanismos exitosos que conservan una elevada carga de radiación positivista. Paradójicamente, parece que cuanto más eficaz es una tecnología, menos ha de cuestionarse su funcionamiento. Pero frente al ideal platónico de opaca perfección, este giro abre la caja en favor de la transparencia y la interacción externa. Coincidirán conmigo en que cualquier acción encaminada a descodificar el Continente Próximo, a levantar las alfombras tecnocientíficas, las del metaverso de turno o las de cualquier otro mundo virtual por llegar, ha de ser bienvenida.

La estrategia giroscópica suma otros giros que corrigen según qué grados de escora y sesgo, de tal modo que pueda constituirse un verdadero *clima de alianza* común donde se respire un agenciamiento anti-determinista, con sus inercias concéntricas y excéntricas a cada uno de los giros. Y de este modo amparados, y con distintas revoluciones y diámetros, al giro afectivo, al giro descajanegrizante, al medioambiental, al giro ilustrado, al transversal, al giro transdisciplinar, al giro ecológico, al hiperpresencial, al giro *reset*, se añadirán otros tantos que neutralicen las borrascas *tecno*-deterministas[6] que asolan el supercontinente al cual migramos. Esta combinatoria de fuerzas de revolución constituye la oposición dialéctica al vendaval tecnocientífico y a los otros impactos tecno-climáticos que infiere el *tecnoma*. Vaya..., contemplo la imagen de esta metáfora del clima sociocultural de nuestro tiempo (*Zeitgeist*) y no puedo sacarme de la cabeza todas esas ciclogénesis girando y cooperando por la causa común de un clima supercontinental sano.[7]

Emergencia
de un nuevo continente

Fig. 3. Medio planeta
[José María González del Pozo]

A propósito de la sexta extinción que amenaza la biodiversidad del planeta, el biólogo Edward O. Wilson aconsejó en su ensayo *Half-Earth: Our Planet's Fight for Life* (2016) designar la mitad de la superficie de la Tierra como reserva natural libre de humanos [Fig. 3]. Lejos de considerar inviable esta proposición en un tiempo en que tantas cosas se extinguen —los recursos, los ecosistemas, las ideologías, las culturas, etc.—, estimo que la liberación de ese territorio ya ha dado comienzo, aunque por otros motivos ajenos a la compasión o la supervivencia. Si todo apunta a que nuestro estigma especista ya ha contaminado el conjunto de las regiones habitables del planeta, por qué no tomar del planteamiento de Wilson la exigencia de una migración que desocupe ese territorio. Habría que sumarla a otras movilizaciones como el éxodo rural o el *rewilding* (renaturalización) y, sobre todo, a otras de mayor calado histórico y prehistórico. Aunque a mi entender no cabe tratarla como pronóstico, sino como episodio que ya acontece, y de cuyo testimonio pretenden dar cuenta estas páginas. El éxodo que nos (pre)ocupa prospera taimadamente, haciendo valer su imperativo desde el sigilo de las revoluciones silenciosas. Y es que esta migración sedentaria no implica desplazamiento masivo alguno, forzado o espontáneo.

Muchas especies migran, pero la humana lo hace obnubilada, a *wifi* tendido, desde el origen común que señala cada una de nuestras IP hasta posiciones concretas de la inmensidad ciberespacial. Cada cual pone rumbo a un destino compartido, inmediato, de naturaleza artificial; lugares bien distintos a los del globo, pero sin duda lugares habitados. La red de computadoras Internet ha generado un nuevo continente que avanza sin pausa y sin nombre, superponiéndose a los otros continentes ya acreditados, y ya presenta tal extensión en su topología que puede ser merecidamente designado con la figura geológica de un *supercontinente*, a añadir a la lista de los supercontinentes pasados, presentes y futuros.

De modo análogo a como los continentes bloquean la salida del calor interno de la Tierra —lo cual produce el sobrecalentamiento de la astenosfera—, el supercontinente electrónico perturba la naturaleza continental de los territorios que solapa, provocando fricciones, fisuras, hernias y demás accidentes que afectan al equilibrio ecológico y climático —genera calor—. Tómese lo ecológico en su acepción *haeckeliana* original referida a las relaciones que mantienen los organismos vivos y las propias de estos con el medio donde viven. Recordemos que Darwin y Wallace publican en 1859 *El origen de las especies: teoría evolutiva*, pero no es hasta 1886 cuando el biólogo y zoólogo alemán Ernst Haeckel (1834-1919) acuña el término *oekologie* —sí, fueron veintisiete años de soliloquio especista—. La sintomatología ocasionada por los efectos derivados de la irrupción del Continente Próximo revela un alarmante avance del determinismo tecnocientífico como promotor de hegemonías sesgadas. Por ejemplo, se contempla como firme activo de la creencia generalizada de que todos los problemas tienen una solución tecnológica o «solucionismo tecnológico», como explica Evgeny Morozov en su ensayo *To Save Everything, Click Here: The Folly of Technological Solutionism*. Existe una sobreestimulación de las capacidades vinculadas a la eficacia y al éxito, además de la exigencia aceptada de una continua innovación tecnológica. La ideología solucionista aspira a un mundo sin problemas. Sostiene Marina Garcés en su luminoso ensayo *Nueva ilustración radical* que el fin último del solucionismo es «delegar la inteligencia misma». La inteligencia artificial, entendida así, sería la aproblemática y acrítica protagonista de una «utopía perfecta: con humanos estúpidos en un mundo inteligente».

En física, la noción de *emergencia* se refiere a un sistema que no puede ser explicado únicamente por las propiedades o procesos individuales de sus componentes. También se relaciona con la *autoorganización* y la *superveniencia*, frente posiciones reduccionistas o dualistas, y sostiene que «la totalidad es mayor que la suma de las partes». Es en este ámbito emergentista y antirreduccionista donde surge la hipótesis del Continente Próximo. Por el momento, se constata una profunda crisis de la cultura, un desencuentro flagrante entre los que hacen y los que piensan. Esta fractura lleva aparejados cambios de gran calado como el auge del *especialismo* en la formación, en respuesta a la demanda del cada vez más fragmentado y tecnodependiente desempeño laboral. Tanto es así que nadie habría de sorprenderse si en un futuro no muy lejano acabáramos relevando a Chaplin en una secuela de los *Tiempos modernos*, sumidos cada cual en el afán diario de apretar eficazmente la tuerca digital que señalen los algoritmos.

El Continente Próximo irrumpe como resultado de la convergencia de los entornos digital y físico o, más bien, de la suplantación del segundo por el primero. El nuevo orden informacional parecer poner fin a la hegemonía del orden material. La información desmaterializada sustituye, sin solución de continuidad, a la materia informada. Este reemplazo podría atender a una cierta reversibilidad, como vía para plantear, no ya una humanización del entorno digital, pero si al menos una rematerialización del entorno digital característico del Continente Próximo, o cómo asignar cualidades materiales a la información. Aunque excede el espacio material de esta publicación, invito a los lectores y lectoras a la reflexión tácita, como si dispusieran de un amplio interlineado para incluir anotaciones y completar este asunto.

Confío en que no les parezca del todo extraño si empleo para la nueva entidad la denominación de *supercontinente*, a pesar del conflicto físico que entraña. Lo hago con el ánimo de no restar ni un ápice de veracidad a la realidad del mundo digital pues, aunque adolezca de la masa que ostentan los viejos continentes, la existencia del Continente Próximo es tanto o más real que la que aparentan aquellos. Si el mundo antiguo occidental transcurrió en el espacio tricontinental confinado por el *mare internum*, hoy la comunidad científica encargada de ordenar las masas continentales no llega a un consenso claro para fijar ni su número ni su genealogía —ahí permanecen sepultados bajo los océanos Gran Adria y Zelandia, candidatos a continentes perdidos—, aunque sí validan el significado latino de «mantenerse unido» que designa la voz *supercontinente*. El Continente Próximo se despliega como una gran Pangea supercontinental de virtualidad digital que cubre los demás territorios.

El joven geofísico alemán Alfred Wegener publicó en 1912 la *Teoría de la deriva continental*, no sin agitar los cimientos geológicos de la sociedad científica del momento —entre sus críticos cabe señalar a su compatriota Albert Einstein— que hubo de aguardar pacientemente medio siglo a su refutación teórica y empírica con la formulación de la *Teoría tectónica de placas* en 1960. Aquel modelo explicaba la génesis del mundo a partir de las derivas continentales, una conjetura que revelaba las razones tras las cuales se producía el desplazamiento de esas grandes masas a partir de la convección global en el manto ardiente y a una velocidad similar a la que crecen nuestras uñas. Alfred Wegener (1880-1930), personaje de fuerte vocación multidisciplinar, utilizó para refutar su hipótesis el argumento de la distribución geográfica de fósiles y el encaje de las siluetas de los continentes (1912, p. 12):

Tuve la primera intuición de la movilidad continental ya en 1910 cuando, al contemplar un mapamundi, me impresionó la coincidencia de las costas de ambos lados

del Atlántico; pero entonces no hice caso de esta idea que me pareció inverosímil.

Si el mundo estuvo una vez comprimido (.zip) en una única Pangea, Wegener concluyó que aquella mole primigenia se habría desgajado hace unos dos millones de años en continentes móviles, desde entonces a la deriva. Esta teoría que se aplica al mundo predigital constituirá el basamento sobre el cual edificar el Continente Próximo. Cómo no honrar la memoria del explorador germano que aún yace envuelto en su saco de dormir, junto a una piel de reno, bajo el hielo arcaico de Groenlandia. Demos por buena la hipótesis de una *tecno*-Pangea generada tras una violenta erupción de lava digital el día que se constituyeron las tres *w*.

El artista Stanley Brouwn ya advirtió en *This way brouwn* (1961) las nuevas posibilidades de desplazamiento que ofrecía el avión, el tren y el vehículo rodado, y la consecuente aniquilación de la percepción del viaje. Por ello, Brouwn ensayaba en su obra nuevos sistemas de medición para hacer inteligibles las distancias, espacios y recorridos. Muchos de nosotros, desde luego todos los *tecno*-jóvenes, practicamos una existencia menos gravitatoria, no tan arraigada a la masa terrestre. Una vida que va perdiendo peso, más ligera, siguiendo el signo de nuestro tiempo. Saltamos de un lado a otro de la pantalla sin apenas reparar en el desplazamiento ciberespacial que acumulamos. Como Brouwn anticipó, apenas advertimos la dimensión, ni la geometría, ni la ecología que subyace al espacio recorrido. Toda esa gigantesca arquitectura digital que habitamos atesora un espacio-tiempo que ha de sustantivarse (nombrarse) para advertir no tanto su existencia, como su trascendencia. Aunque reserve para quien lee estas líneas el juego polisémico espacio-temporal del calificativo *próximo*, sí recordaré a Edward T. Hall, padre de la *proxémica* y quien acuñó este concepto central en nuestro viaje. El antropólogo definió *proxémica* como «el estudio de la forma en que un ser humano, de manera inconsciente, estructura su microespacio, la distancia interpersonal en las interacciones diarias, la organización del espacio, sus casas y el diseño de sus ciudades». Esta noción subyace a la experiencia *mental* (desde nuestro interior) de vivir en el Continente Próximo, donde el sujeto habita un paisaje híbrido físico-digital, alejándose o acercándose de su entorno, traspasando lugares y ciberespacios.

Los movimientos del *yo* físico y del *avatar* digital delimitan simultáneamente la *territorialidad* del sujeto haciendo cohabitar sendas cartografías. Estos sistemas

egocéntricos guardan relación con la perspectiva de la
somática estudiada por Auxiliadora Gálvez en *Espacio
somático. Cuerpos múltiples,* en tanto que «el origen de referencia se sitúa en *nosotros* mismos, tal y como lo hacen
también nuestros sistemas de navegación asociados a
los circuitos parietales y premotores». Según Gálvez, el
propio Buckminster Fuller advirtió en *Your Private Sky:
el centro de tu perspectiva* que en «el universo no existe
arriba y abajo, ni norte o sur, sino *dentro* y *fuera*, hacia el centro gravitacional —hacia dentro— y lejos del
centro gravitacional —hacia fuera—». Naturalmente,
en el Continente Próximo el elemento referencial es
la pantalla, todo acontece dentro o fuera de ellas, pero
es el cuerpo cárnico (y su IP) quien se erige en centro
gravitacional: el cuerpo es la clave de bóveda.

Así, la arquitectura de la ciudad *inmediata* presen-
tida por el sociólogo canadiense Marshall McLuhan
en su *Aldea global* (1962) se propaga y homologa hoy,
tanto en el primer mundo como en los que van detrás.
Parece que las ciudades que habitarán nuestros hijos e
hijas compartirán, sin *remedio,* el impacto de la mediación tecnológica. La *inmediatez* designa a la vez tiempo y
modo, cuándo y cómo. La ciudad *inmediata* promueve,
desde el vector velocidad, un tiempo acelerado donde
el sujeto recibe la gratificación de lo inminente. Simul-

táneamente, este entorno produce una fenomenología *inmediata* o hipermediada —una nueva forma de *sobrenaturaleza* (digital) que diría Ortega— que reparte nuestra atención en los distintos estímulos.

La analogía con la deriva continental anima a pensar en una *deriva tecnológica* como causa promotora del movimiento relativo, a veces convergente a veces divergente, que experimentan los entornos digital y físico, el uno respecto del otro. Por tanto, cabe referirse a ciertas tecnologías que desde mediados del siglo XX han venido estimulando la deriva *convergente* y el consiguiente ensamblaje de estas dos *placas*, hasta que su solapamiento en el final del siglo XX ha generado el lugar compartido dentro del segmento del *continuum virtual* que modula el supercontinente electrónico. La voz latina *continēre* no sólo genera *continentes* sino también el calificativo *continuus*.

Llegados a este punto de no retorno, en el que poco a poco abandonamos el legado presencial del siglo XX, les propongo que hagan suyo el plan liberador del joven Cosimo Piovasco, barón rampante de Rondó y posible *alter ego* del escritor italiano Italo Calvino, que con doce años decidió escapar del mundo por la *ventana* de su habitación para vivir en los árboles. Y no volvió a descender nunca más.

El eslabón de Stengers

Fig. 4. *Suite* máxima en nueve movimientos
[Enrique Villamuelas]

Tecnología es la respuesta... pero ¿cuál era la pregunta?

Cedric Price, 1966[8]

Desde finales del siglo XX la tecnología digital se ha propuesto revisar el contrato social. La mediación tecnológica parece haber desplazado *lo social* hacia el *sentido social* que exhiben las redes sociales. Tanto la experiencia (individual y colectiva) de habitar el Continente Próximo como la nueva identidad del sujeto social y el significado de hacer comunidad han sido reformuladas desde la óptica instrumental que inflige la interfaz digital. Cómo no recordar a Henry David Thoreau, alertando en *Walden* (1854) sobre la instrumentalización de la humanidad y cómo ésta se había convertido definitivamente en *tools of their tools.*

El vínculo actual entre ciencia y sociedad precisa de un eslabón que lo soporte; así lo reclama la filósofa belga Isabelle Stengers en *Reactivar el sentido común: Whitehead en tiempos de debacle*, decidida a revisar los principios que fundamentan la tecnociencia. Pero lo cierto es que la transición tecnológica de lo social ha comenzado a producirse como si estuviéramos en el salvaje Oeste. Prueba de ello es que los agentes que intervienen en este proceso en ningún momento se han sentado en torno a la mesa donde se debería consensuar el porvenir social del Continente Próximo. Hace ya varias décadas de la inauguración de este gran espacio social que es Internet y la ley del más fuerte prevalece frente a la absoluta desprotección de los más débiles. ¿Cuántos menores en todo el mundo son expuestos a diario a contenidos de violencia extrema? Las víctimas invisibles sufren patologías que ni siquiera tienen nombre, mentes aún sin hacer que han sido fracturadas en episodios atroces de *tecno*-dependencia.

En este apogeo donde todo es tecnología y comunicación, el próspero continente aparece sesgado por desequilibrios de distinta naturaleza. Gran parte de ellos tienen origen en la esfera de *tecno*-poder GAMAM —acrónimo de la entidad tecnológica formada por Google, Apple, Meta, Amazon y Microsoft—, como señalan los diversos tecnoactivismos de bandera pirata. La deseable implicación de otros agentes sociales en la gobernanza de GAMAM, en relación con el control de la condición social tecnológica que ésta detenta, parece muy muy lejana. Me refiero al co-diseño de un ágora para avanzar hacia el consenso de diplomacias alternativas entre quienes hacen la tecnología, quienes la consumen y quienes la piensan o critican. La urgencia por refundar el tecno-poder desde otras éticas lleva aparejado el reto de que nosotros, como especie, seamos capaces de extrañarnos de la tecnología que hemos creado: tomar distancia para ver mejor.

Esta paradoja de aristas múltiples ha alentado un sinfín de teorías, como el modelo tecnócrata de la *smart city* donde apenas tiene cabida la reflexión sobre el eslabón de Stengers y se confía en la tecnología como única tabla de salvación de sesgo optimista [Fig. 4]. La visión tecnocrática activa políticas fundamentadas en datos actualizados que no necesariamente aseguran la calidad de la información. El objetivo o la obsesión de generar ciudades *productivas y eficaces* devuelve un modelo que difícilmente asume nuevos paradigmas entre lo público y lo privado. Pero también surgen las distopías tecnológicas más alienantes de sesgo pesimista, que se muestran incapaces de abordar la complejidad de un nuevo pacto *tecno*-social, ahogadas en el debate entre control (social) y transparencia. El *tecno*-determinismo aboga por una opacidad alimentada por los optimistas que promocionan la ciencia sin control y por los pesimistas que tiraron la toalla crítica al considerar el progreso como algo ingobernable.

Según se propaga la cultura algorítmica que vertebra la nueva tecno-pangea, se incrementa la casuística de desequilibrios que inclinan el plano tendido de nuestro frágil horizonte artificial. Así, el sesgo humano se transfiere a la industria que innova las herramientas, incurriendo a veces sin percatarse de ello. El sesgo campa en la interfaz de los programas, en el régimen alternativo de posverdad de las redes sociales y en las bases de datos, que incorporan contenidos al son de la predicción y el consumo. Desde la última inteligencia artificial, *machine learning* o *deep learning*, hasta los motores de búsqueda, una *app* o un sencillo programa de diseño asistido, encontramos la problemática de sesgo tanto en fases de obtención y procesado de información —por ejemplo, en la propia interfaz—, como en fases de análisis de la información.

La cuestión de género queda históricamente retratada entre quienes producen y programan las máquinas. Remedios Zafra explora en ensayos como *(h)adas* o *El bucle invisible* la tendencia reiterada de «la infrarrepresentación de las mujeres en los sectores de producción tecnológica y de programación, coincidente con su menor presencia en estudios y trabajos de investigación en estas áreas». Pero Zafra también indaga en viejos sesgos como la oposición de lo *objetivo* —requisito central en ciencia, junto al de *universal*— a lo *feminizado*, sesgo que resta *valor científico* al trabajo hecho por mujeres. La tradición científica cuenta con una larga lista de sesgos, entre los cuales afloran el racial, el cognitivo, el cultural, el que promociona estereotipos y tantos otros aún por certificar.

Las cookies y los algoritmos de GAMAM determinan qué servicios son idóneos para el consumo y diseñan, a la postre, la comunidad consumidora: nos diseñan. Pero detrás de los polinomios de las redes sociales y de los datos que arrojan existe, siempre, el posicionamiento político y ético de quien los crea. La opacidad que ostenta la tecnología aumenta cuanto más *hecha* está, hasta que, llegado un punto, apenas ofrece fisura alguna. Desafortunadamente, nuestra capacidad crítica, ya de por sí asistemática y escasamente estructurada, no logra mantenerse al ritmo vertiginoso que impone el mercado tecnológico. El *all-in* tecnológico no favorece la construcción de pensamiento crítico hacia si mismo, ese que promociona la emancipación del sujeto y su libertad respecto de las máquinas que enjuicia. ¿En cuántas ocasiones vamos a remolque tecnológico incapacitados para cuestionar, manipular o sencillamente apagar la máquina?

Como reacción al sesgo sistémico o instrumental necesitamos oponer un dispositivo crítico exigente e imaginativo. La reacción no puede basarse en un conjunto de ocurrencias distribuidas en la redes sociales. Precisamos una acción sistemática, la de nuestro giroscopio capaz de formular las preguntas que demandaba el genial arquitecto británico Cedric Price en 1966, preguntas que nos ayuden a navegar hacia el nuevo escenario sin renunciar a la complejidad que ofrece ese entorno híbrido. Pero junto a la evaluación crítica de lo que ya existe, el giroscopio detenta también la capacidad de plantear ficciones en búsqueda de otros espacios alternativos. El giroscopio será una herramienta clave en la práctica de aprender a problematizar, orientándonos hacia la formulación de problemas que trasciendan los enfoques técnicos tradicionales que suelen predominar en la investigación científica.[9]

Meses antes del lanzamiento de bombas sobre Hiroshima y Nagasaki, Vannevar Bush (1890-1974) se preguntaba a qué se podría dedicar la comunidad científica en ese período tan convulso. El ingeniero estadounidense que llegó a coordinar el Proyecto Manhattan fue autor del artículo «As we may think», publicado en el *Atlantic Monthly* en junio de 1945.

El texto ofrecía un conjunto de especulaciones en torno al papel jugado por la comunidad científica en la guerra. Comenzaba destacando brevemente cómo el hecho de compartir información durante el conflicto había acelerado el proceso de aprendizaje de los científicos. Asunto, el de la cocreación, que hoy abordan con mayor o menor éxito no pocos grupos de investigación y que se antoja de suma importancia en el desarrollo del Continente Próximo. Tras la nota introductoria, V. Bush presentaba una colección de proyectos que anticipaban descubrimientos muy posteriores: el mítico *Memory extender* (Memex); el hipertexto; o la propia red de Internet. Aquel breve ensayo, escrito en un momento en que la tecnología estaba cambiando el devenir del mundo, resultó ser seminal para el pensamiento científico de la posguerra. *As we may think* impactaría hoy tanto al colectivo científico como al gran público pues, afectados por el *tecnoma*, todos accedemos a un conocimiento tecnocientífico que hace ochenta años se reservaba para los especialistas. ¿Qué vías de reflexión podría plantear hoy V. Bush a propósito del Continente Próximo?

El interrogante remite a la noción de límite o a la posición donde se sitúa el sujeto crítico respecto del fenómeno observado. Es preciso *pensar* sin límites y hacerlo ya sea desde espacios residuales ajenos a la tecnología o desde el entorno tecnológico propiamente dicho. El giroscopio promociona ese pensamiento emancipado, activando estrategias de extrañamiento que subviertan la condición incólume de la razón de ser tecnocientífica.

La tecnología que consumimos sin duda se ha alejado —y nosotros con ella— de la cuestión del *porqué*, dibujada por Jorge Wagensberg en *A más cómo, menos por qué*. Para recuperar los porqués es preciso viajar a otras demarcaciones, a otras disciplinas, a otros tiempos... pero siempre viajar. Del mismo modo que la definición no permite incluir la palabra definida, la crítica metacientífica sobre el porqué, no debería estar excesivamente contaminada por el concepto que analiza. En cambio, sostiene Wagensberg, preguntarse por el *cómo* es investigar el proceso; preguntarse *qué* es, en qué consiste determinado fenómeno, es investigar sobre el lenguaje. El porqué nos coloca en el plano de la metaciencia; el para qué en el de la tecnología; y el cómo en el de la ciencia.

El porqué constituye el camino habitual para la crítica. La psicología, la sociología, la historia o la filosofía —sea o no sea de la ciencia— han levantado un histórico meta-observatorio desde donde divisar el hecho tecnológico. Hoy, si no desaparecidas por completo, apenas se encuentran vagos despojos de las materias *de letras* en los *curriculum* de este tipo de carreras técnicas (universitarias). Otros intereses académicos han suplantado los créditos que un día ostentaron. A tenor de la formación que reciben los egresados, no creo que resulte excesiva la siguiente hipótesis: la tecnología la diseñan especialistas del cómo y del para qué. El dramático abandono del porqué es, a mi parecer, causa y consecuencia del sesgo múltiple que promociona el *tecnoma* en el Continente Próximo, principalmente en las generaciones más jóvenes.

Tras el abandono de los porqués, nos queda el quién y su plural para encabezar estructuras interrogativas referidas a los sujetos. Empecemos por usted que, al pensar en el Continente Próximo, seguro lo hará desde una posición diferente a la mía. Y seguiremos con usted, que aportará una opinión que represente a su comunidad. O usted, que completará aquella y discrepará de la primera. Detrás del *quién* se esconde el *dónde*, pues cada cual observa el continente desde una posición privilegiada y única. Ese lugar es una conquista personal a la cual se llega tras realizar un gran viaje. Imagine pensar el viaje en connivencia con otros y otras viajeras ajenas al mundo de la ciencia y la ingeniería, con sus giroscopios cargados desde posiciones tan diversas como la sociología, la antropología, la música, la arquitectura o la medicina, etc. todos dispuestos a colaborar en el diseño de una transición tecnológica alternativa de lo social. El interrogante de Price que encabeza el capítulo asume la tecnología como medio, nunca como fin en si mismo. Quizás, un medio capaz de fomentar nuevas alianzas que impulsen una ecología social más solidaria y cohesionada.

La discontinuidad geográfica

Fig. 5. Paisaje en fuga
[Elena Rivas]

Confieso que si en esta ocasión se me hubiera permitido escoger el libro a escribir, evitándome así esta desmedida sobreexposición, pues dudo mucho que este manojo de líneas interesen a alguien tranquilo y feliz, mi elección habría sido *Telépolis*. No tanto por su afán divulgador o por la belleza de su análisis, como por la satisfacción que merecidamente debió experimentar su autor Javier Echeverría, al inaugurar en 1994 un nuevo paso hacia la *tecno*-ciudad. Hay quien dice que el *tecno*-corsario donostiarra se hizo perforar el lóbulo de su oreja derecha para introducir en él un pendiente de aro, privilegio de marineros que lograban doblar el cabo de Hornos. En su caso doblemente justificado, por abrir una nueva ruta hacia el tecnomundo y la ciudad de Telépolis y por denunciar las formas de dominación que allí acontecen.

Echeverría llamaba la atención sobre un acontecimiento que parecía imponerse sin pedir permiso a nadie y que, años después, vendría a transformar tácitamente nuestras vidas: el prefijo *tele*. Ensayaba en aquellas páginas la formulación de un modelo inminente de organización social a escala planetaria. La ciudad global, electrónica y digital que él mismo denominó Telépolis o la ciudad telemática, surgía como «una de las principales manifestaciones del Tercer

Entorno, pero no la única». Expuso su cosmovisión con el ímpetu holístico del filósofo, modulando un anticipo crítico de las ciudades que hoy comenzamos a habitar. En ellas, la distancia se concibe desde la propia naturaleza discontinua del código binario y se opone a la continuidad, eliminando los ricos y vitales matices del paisaje. Cómo no imaginar el futuro del Continente Próximo con todas esas ciudades hipermediadas llenas de «tecnopersonas», como Javier Echeverría y Lola S. Almendros gustan llamar en el ensayo que lleva por título *Tecnopersonas: cómo nos transforman las tecnologías.* Ciudades tomadas por sujetos digitalmente injertados, conectados permanentemente a la capa digital a través de prótesis de última generación. Pero también por una mayoría de sujetos que apenas puede permitirse la conexión a través de unas incómodas gafas de realidad aumentada. Quien más y quien menos acaba como un mueble depositado en medio de la calle, haciendo ostensible la mirada *zoombie* que los delata: están navegando por la ciudad aumentada.

Este capítulo comienza revisitando un clásico, una manera como otra cualquiera de desenredar el galimatías tecnológico del Continente Próximo. De entre las diferentes lecturas posibles que soporta

Telépolis, prefiero interpretar el texto como si de una partitura de J. S. Bach se tratara. Parece ser que el compositor alemán podía leer sus anotaciones musicales de una manera singular, capaz de extraer del papel la melodía escrita de su puño y letra, yendo más allá de la notación técnica. Según cuenta de él Otl Aicher —cofundador de la Escuela de Diseño de Ulm— en su memorable *analog und digital*, J. S. Bach leía música siguiendo criterios visuales: «la veía como una imagen y la corregía como un dibujante, según su estructura gráfica». Frente a percibir la partitura como una función matemática de valores exactos y abstractos, el compositor alemán era capaz de comprender y trabajar los pentagramas desde una experiencia holística, intuitiva y concreta. Por lo que cuenta Aicher, parece que J. S. Bach podía contemplar el paisaje sonoro impreso, una suerte de expresión pictórica del texto musical a modo de dibujo evocado por la melodía.

Imaginemos al joven J. S. Bach sentado en el pequeño jardín delantero de su casa de Eisenach, deambulando por una cartografía melódica aún caliente, a la búsqueda de alguna armonía que no terminaba de encajar en el dibujo completo de la pieza. El músico enajenado, ensimismado y cabizbajo, pasea sin rumbo. Sostiene la partitura mientras tararea para sí una música que no logra escapar de la oquedad de su boca y cuyo color varía con sutiles vaivenes de tonalidad. Ni repara siquiera en el vecino al que saluda. Ante sí «un dibujo siempre completo, pero nunca acabado», que diría Leonardo da Vinci, un despreocupado amasijo de relaciones sonoras. Ni siquiera Bach puede hacer suyo un dibujo sin vagar por él; sin habitarlo; sin *ensimismarse-en-él*; sin abandonarse ciegamente a los brazos de la intuición. Esta mirada relacional que emparenta la atención matemática con la paisajística, a buen seguro ayudó al alemán en su búsqueda de la armonía perfecta, como sucede en la composición de *El arte de la fuga*. Al menos, este es el dictamen que arrojan los numerosos análisis algorítmicos llevados a cabo en la musicología actual. Parece que la intuición humana aún no ha sido conquistada desde la precisión algorítmica de la tecnología [Fig. 5].

Aicher subordina la condición *racional* (unilateral) de lo digital a la *relacional* (bilateral) de lo analógico. Una intuición que compartimos y que nos conduce de nuevo a Bach. Tras la atención relacional, la que nos ayuda a comprender un paisaje o una jugada de ajedrez, sucede toda una teoría sobre los nuevos medios y la condición humana, a la cual resulta difícil sustraerse. La oposición de los conceptos digital y analógico concierta un dilema que da razón de la transformación veloz y acelerada del mundo. Una dialéctica con raíces metafísicas, pero de alcance cotidiano, que se abre paso en los lugares más sustanciales del ser. Verán que la vida analógica, la de siempre, se aferra a una experiencia en continuidad, asumiendo variaciones más o menos significativas en el tiempo. Así ha sido siempre. Por el contrario, la tecnología digital no reclama esa continuidad, pues se alimenta de un número finito de estados diferentes que trasciende a la totalidad: en Telépolis y en el Continente Próximo, la continuidad no existe.

Pero esta reflexión no pretende abundar en los escenarios de la ciencia ficción, sino procurar una breve indagación en torno a la noción de continuidad —Bach es continuidad—. Por eso le pido a usted, quien sostiene este libro, que haga memoria y retroceda hasta la última vez que cambió de trabajo. Entonces, visualice el *curriculum vitae* que entregó y le valió el puesto. Rescate mentalmente su vida laboral y verá cómo aparece loteada en compartimentos estancos, sin aparente conexión. La misteriosa realidad continua y los misteriosos trayectos que se hallan detrás de esa expresión fragmentada del CV es un conjunto complejo de constelaciones de personas, lugares y tiempos que, a la postre, es lo que en verdad lo ha llevado a labrar su experiencia profesional. Y así, como lo hace un CV, el código binario de la computación teje, veladamente, un mundo discontinuo de breves estadios independientes. Naturalmente, esto se proyecta a los sujetos de múltiples formas, amparadas por el binomio dopamina-ansiedad. Y así es como el proceder cognitivo resulta implacablemente afectado por el potencial binario.

Un mundo mineralizado

Fig. 6. Like4Earth
[Ángel Cobo Alonso]

Conviene no olvidar que la digitalidad que habitamos patrocina la mineralización silícea del planeta, por cuanto incorpora al *modus vivendi* de cada cual la epidermis aséptica del silicio con que se fabrican las pantallas. Vivimos entre pantallas y, cada vez más, para ellas. No debería sorprendernos tal cosa, pues la naturaleza humana está mucho más cerca de las pantallas de lo que cabría pensar. Al menos así lo refleja ese documento excepcional que es la Tabla periódica de elementos, alarde cartográfico de analogías y afinidades del reino mineral, que tan buen par hace con la «Teoría de la evolución» de los reinos vivos. Pues bien, si examinamos ese documento, se puede advertir que el carbono (C), cuya química nos sustenta y somos, es vecino de puerta con puerta del silicio (Si) con el que se fabrica gran parte de los procesadores y circuitos. Esta adyacencia indica que sus químicas guardan similitud a tenor de sus propiedades y comportamiento. Así se las gastan estos dos miembros del selecto club químico del catorce. He de confesarles que en las clases de dibujo cuento a los estudiantes cómo el mismo carbono que estructura nuestras manos sujeta el carboncillo que a su vez tizna las cadenas de carbono de la celulosa con la cual está fabricado el papel. Toda una paradoja alquímica para que, en definitiva, comprendan que ellos *son dibujo*.

A pesar de estas coincidencias en la síntesis orgánica (y salvo que los científicos adviertan lo contrario), el reino mineral cuyos recursos agotamos con nuevos *tecno*-extractivismos se sigue mostrando indiferente ante la substancia carnal de los tejidos vivos [Fig. 6]. Sus motivos minerales tendrá para conservar esa posición enrocada e inapetente, aunque haya quien reconoce esa indiferencia en la propia que exhiben algunas especies invasoras cuando incurren en territorio ajeno. Si nos paramos a pensar en esta estrategia de conquista —y desde aquí animo a que se regalen esta pausa—, acabaremos por advertir la prótesis mineral, a veces metálica, a veces rocosa o cristalina, pero siempre matemática y muy muy fría que nos circunda. La sibilina membrana mineral acapara, poco a poco, nuestra conexión con el planeta y con nosotros mismos, interfiriendo en las frecuencias que históricamente hemos utilizado como canal de comunicación. Algo similar a lo que ocurre con la parasitación de la cadena trófica por parte de los microplásticos. Una desatada mineralización que busca el reemplazo del mundo conocido por un simulacro iconográfico producido, diariamente, por las máquinas y por nosotros. ¿No creen que a estas alturas ya deberíamos ocuparnos de la Tierra, o de Gaia, como ese gran ente fabricante de imágenes que es? Alguien habría de publicar en algún medio oficial el «Descargo de responsabilidad planetario». Podría ser algo así: «Los sucesos y personajes retratados son completamente ficticios. Cualquier parecido con personas reales, vivas o muertas, o con hechos reales es pura coincidencia».

Tras formular la hipótesis del planeta como máquina iconográfica parece sensato plantear la necesidad de una ciencia *icono(geo)gráfica* que considere de forma empírica esta conjetura. Una ciencia que estudie la razón de ser y el *modus operandi* del simulacro planetario de imágenes que suplanta al «original» (*deep fake*). Tal vez ayude a digerir esta reflexión el ejercicio de extrapolar el *big data* iconográfico al caso de un conocido proyecto que trabaja con el imaginario. Me refiero al Atlas Mnemosyne de Aby Warburg. Aquella máquina de pensar con/las imágenes hacía «saltar correspondencias, para evocar analogías», según dejó escrito su autor en el reverso de la obra.

No mucho antes de estos tiempos de *imagobesidad* —familiar de la infobesidad o *information overload*, expresión acuñada en 1970 por Alvin Toffler en su libro *Future Shock*—, los científicos se afanaban en la búsqueda de palancas activadoras de las conductas primarias de la vida. Tal condición esencial de existencia fue advertida en las células vivas por los biólogos chilenos Humberto Maturana y Francisco Varela en relación con la *producción de sí mismas o autopoiesis*, primera condición de existencia del ser vivo ampliamente analizada en su celebrado *De máquinas y seres vivos* (1973). Así, la cualidad autopoiética para la representación y autorepresentación redunda en lo que para muchos se circunscribe al efecto, un tanto narcisista, que despiertan las redes en la individualidad de la comunidad internauta. Esta autopoiesis iconográfica puede plantearse por cada sujeto en una dirección, aunque con un doble sentido, pues nos erigimos, simultáneamente, en consumidores y productores de imágenes que alimentan el imaginario de *i*(cono)Gaia.

A propósito de las pinturas cavernosas de Lascaux (15.000 a.C.), Pascal Quignard sostiene en *La noche sexual* que «el pensamiento en imágenes o *Denken in Bilden* es más alucinante que la deliberación verbal. Es a la vez más antiguo que el pensamiento en palabras y más sobrecogedor que la conciencia que se deriva de este último. La cueva define la morada original donde se oculta una noche perpetua». Todos habitamos desde que nacemos una cueva, la nuestra, en cuyas paredes se sitúan las imágenes que percibimos del mundo exterior, pero también las que fabrica nuestra mente. En esa cueva perpetua se mezclan todas las imágenes. La imagen mental o subjetivación de la imagen presencial, la que toma vida tras los ojos, la que ocupa su lugar en *la cueva*; esa es la que, en definitiva, interesa. Por ello, aunque producimos millones de imágenes digitales o en papel, ante todo consumimos imágenes mentales que anidan en nuestro banco de memoria iconográfica —las inteligencias artificiales también construyen su propio imaginario filtrando material de los gigantescos repositorios de imágenes de la red—. En tanto que productores y consumidores de imágenes, Jeremy Rifkin nos tildaría de *prosumidores iconográficos*. Prosumimos la epidermis de imágenes donde todo acontece, la piel que contiene todo. Es sobre esa piel iconográfica donde construimos las imágenes mentales con las cuales pensamos. Así es como prosumimos el continente hipermediado, un territorio tan verdadero y cercano como cualquiera de los siete conocidos.

Pero esto que les cuento no es nada nuevo. En su libro cuarto *De rerum natura*, o *De la naturaleza de las cosas*, Tito Lucrecio Caro hizo referencia al *simulacrum* de Epicuro como finísima película que emana de las cosas y penetra en los órganos de los sentidos para llegar hasta el alma y provocar allí la representación de aquellas. El filósofo latino denominó a estas entidades *imago*. Dichas representaciones enviadas a nuestros sentidos constituyen una secuela del *eidolon* epicúreo, *imago* en latín, y fundamentan la doctrina metafísica que Epicuro compartía con sus discípulos en el jardín donde estableció su escuela de filosofía. El viaje de las imago incluye hoy una etapa intermedia: los simulacros de realidad que incorporan deben atravesar los satélites globalizantes antes de llegar a las pantallas. ¿No resulta prodigioso que dos mil trescientos años antes de la publicación de *Telépolis* alguien llegara a formular una teoría que anticipaba la fenomenología del Continente Próximo?

La cadena vital

**Fig. 7. #0b300e Phosphorus
[Mishelle Valderrama]**

Como «acción de introducir o introducirse en un fluido» (DRAE), el término *immersio* remite a la metáfora de la piscina utilizada tantas veces para explicar la sensación de jugar a un videojuego, de zambullirse en la pantalla. Allí donde nos dirigimos, la inmersión digital es completa y no negociable, tanto para seres humanos como para no humanos, y alcanza a las fracciones más pequeñas de la semana y del día. Sus efectos modulan directamente el tiempo y el espacio, pero también nos someten a biorritmos alternativos. No dejará de mirar hacia adelante, a-d-e-l-a-n-t-e, superando cualquier cuerpo interpuesto entre usted y el horizonte, siempre dispuesto a la caza de imágenes y de datos. El sujeto *tecno*-nómada no está diseñado para aminorar la marcha, sino para navegar con las luces largas encendidas. Para sobrevivir, tan sólo habrá de seguir el rastro, aún caliente, de las imágenes heridas, como hacían los cazadores-recolectores. El instinto depredador está cada vez más entrenado para la captura iconográfica. Nuestras córneas, protegidas con gafas de filtro azul, nunca habrán estado tan pegadas a las pantallas. Tanto, que estas sustituirán definitivamente a aquellas como parte más externa de la anatomía ocular. En el Continente Próximo, la membrana cristalina que cubre las pantallas, ya se considera parte sustantiva del ojo y ocupa la capa externa del globo ocular.

Pero antes de continuar nuestro viaje aún hemos de superar algunos miedos: una pesadilla se cierne en la noche y amenaza con engullirnos. La brecha digital avanza a nuestro paso espoleada por el vector velocidad. Ya saben, ese mal sueño que puede arruinar nuestro viaje. El progreso no da tregua, aunque en las noches las redes neuronales aminoran su ritmo; no es el caso de las redes artificiales que practican el *aprendizaje profundo*. Durante el día, coincidirá conmigo en que sólo miramos hacia atrás accidentalmente. La vista al frente nos proporciona la experiencia compartida con las pantallas —cómo no recordar la Slow House (Long Island, 1991) diseñada por Dillier y Scofidio, cuya arquitectura confrontaba simultáneamente la visión natural y la artificial cinematográfica—. La retrovisión aparece tan sólo cuando entramos en colapso por causa propia o ajena y sentimos nuestro cuerpo tirado en algún arcén.

Cuando la muerte parece improbable, porque nunca nos ha visitado antes, no se puede pensar seriamente en futuro alguno, ni tampoco en hacer una revisión exhaustiva del pasado. Es cuando acecha nuestro entorno cuando desplegamos el retrovisor para observar la estela que vamos dejando. Y cuando esto ocurre, nos sobrecogemos ante las verdaderas imágenes que nos construyen, imágenes sintientes grabadas a fuego en el instante de ser percibidas con una anómala intensidad: «parece mentira que haya pasado tanto tiempo»; «si fue ayer»; «de haberlo sabido»; etc. Es entonces cuando *apercibimos* todo ese tiempo destensado que se nos ha escapado entre los dedos por llenarlo tan rácanamente de vida. Ese tiempo pasa rápido, no el de la infancia.

La ausencia de perspectiva histórica —recuerde que el Continente Próximo apenas cuenta con medio siglo de vida— y el desasosiego de un tiempo futuro cada vez más incierto induce a *sobrevalorar* los acontecimientos del tiempo presente. Aunque vivamos arropados por las redes y las comunidades de contacto, puede que estemos más solos que nunca. La pulsión tecnológica provee del simulacro social a las nuevas remesas de tecnófilos prematuros que nacen inmersas en la digitalidad que proporciona el contexto donde ha de desarrollarse el sujeto y su imaginario. Es fácil observar que el eclipse contextual tiende a simplificar la experiencia de lo que acontece a algo *inmediato*, que no dista más allá de un *click*. Así, la proliferación de la bruma digital avanza imparable por el campo de nuestras obsoletas referencias: yo sé lo que sabe Google. Es la *nada* de *La historia interminable*.

Esta recontextualización del sujeto predispone al trastorno psicótico y al avance de las percepciones edulcoradas por la *tecnomanía*. Precisamente el filósofo surcoreano Byung-Chul Han hace alusión a dicho enajenamiento y a sus síntomas cognitivos en el prólogo que introduce su ensayo *En el enjambre*:

> **[...] somos programados de nuevo a través de este medio (digital) reciente, sin que captemos por entero el cambio radical de paradigma. Cojeamos tras el medio digital, que, por debajo de la decisión consciente, cambia decisivamente nuestra conducta, nuestra percepción, nuestra sensación, nuestro pensamiento, nuestra convivencia. Nos embriagamos hoy con el medio digital, sin que podamos valorar por completo las consecuencias de esta embriaguez. Esta ceguera y la simultánea obnubilación constituyen la crisis actual.**

Los que me conocen de otras travesías saben cuánto más cerca estoy del mar extemporáneo de la memoria que baña la Grecia clásica y la Roma republicana, y cuánto me reconforta capturar la información cruda del dato abstracto que ofrece el tiempo pasado. Saben que habita en mí un sentimiento fraternal hacia los demás seres que han pisado este planeta, ¡con alguna excepción! Les cuento que cuando paseo por la vía dell'Abbondanza pompeyana, o por las *Catilinarias* de Marco Tulio Cicerón, soy incapaz de desligar la historia que envuelve el personaje del personaje propiamente dicho. Me pierde la construcción mental de este, del sujeto que encarna la persona biológica. Pudiera ser que esta conexión entre actor y personaje explique mi querencia a viajar en el tiempo.

En esta circunstancia, el personaje se reivindica en su papel de mediador entre la persona actante y su historia articulada a través de un lenguaje que representa simbólicamente lo acontecido. Si Jacques Lacan sostiene que 'construimos nuestro mundo a través del lenguaje', el lenguaje que usamos habría de asumir con deportividad el compromiso reversible de evocar a la persona con ayuda del personaje. Al menos yo quiero creerlo así y así lo practicaré en cuanto surja de nuevo la oportunidad a lo largo de este viaje. Los lectores habrán de notar el susurro no extinto y la clarividencia inmortal que exhalan las palabras legadas por tantas y tantos antecesores magníficos, no vivos, que me he permitido invitar a esta travesía. Pero no vaya nadie a imaginar que este viaje culmine en una ceremonia exotérica o chamánica. Tan sólo cabe esperar una suerte de *evocatio* romana con intención de acercarse sensiblemente a la entidad evocada, desacralizando la cuestión pesada y lastimosa del tiempo que nos separa de nuestros clásicos.

El objetivo del juego que a continuación les propongo consiste en superar la perspectiva hierática que confiere el tiempo histórico. Dicho de un modo menos pretencioso: es en este tramo del viaje cuando practicaremos eso de *ponerse en el lugar del otro*, aplicando una estrategia de empatía *autopoiética* para trascender el límite biológico. Evocar a Epicuro, a Lucrecio, a Hipatia, a Ada Lovelace o a Leibniz requiere liberar con rapidez el lastre de los siglos y las excelsas magnitudes que materializan. Para conseguirlo recurriremos a la *cadena vital*. Tan inmediato como poco científico. Pero qué quieren que les diga, a mí me resulta ventajoso para practicar la mirada analógica.

La *cadena vital* es una operación posible de nuestro giroscopio; produce analogías y conexiones con vistas a remediar la señalada distorsión espaciotemporal que infiere la inmersión digital. Pues bien, consiste en calcular el número de personas que se interponen entre uno mismo y un sujeto del pasado. Según los datos del Ágora de Atenas y Corinto, en el siglo IV a.C., la esperanza de vida de un joven alcanzaba aproximadamente los cincuenta y cinco años; hoy, supera los ochenta años. Si tomamos como referencia un módulo vital de setenta años para este cálculo, sería necesario formar una cadena de unas treinta y cinco vidas para salvar el abismo temporal que nos separa de Epicuro: treinta y cinco eslabones y tenemos al filósofo griego. Ahora, sitúe los treinta y cinco en fila y comprobará cómo la cadena no pesa tanto como los dos mil trescientos años naturales que distan entre nosotros. Y de Simone de Beauvoir y Sartre comprobará que nos separa un eslabón; cuatro de María Antonieta; veinte de Cicerón; siete de Michelangelo Buonarroti y Leonardo da Vinci [Fig. 7]. Se puede concluir que la distorsión del flujo temporal que produce el uso de unas magnitudes de medida frente a otras resulta determinante a la hora de viajar en el tiempo.

A mi parecer, el problema reside en que nos alejamos más y más de una consideración holística y continua del tiempo, dado el aislamiento de cada uno en su particular presente *in*-mediato, veloz y especializado. Vivimos entre tiempos individuales encapsulados cuya discontinuidad desdeña la condición analógica. En el Continente Próximo el tiempo multisíncrono de las pantallas predispone a nuestros *yoes* para la multitarea. Sin embargo, el acontecer de cada una de esas acciones se mide, aún, en el tiempo mineral que dicta el reloj solar. Una tradición que proviene de dimensionar el *hacer* de la labor agrícola, que a su vez nos remite al tiempo que designa la elíptica terrestre (de nuevo mineral). Frente al tiempo solar, surge un tiempo digital carente de espesor, por expresarlo ligeramente.

El reto de cómo afrontar lo mensurable ha ocupado episodios trascendentales a lo largo de la historia. El físico y matemático británico William Thomson Kelvin (Lord Kelvin) aseguró que «lo que no se define no se puede medir. Lo que no se mide no se puede mejorar. Lo que no se mejora se degrada siempre». Tal es la importancia cualitativa del registro cuantitativo. Tirando del ovillo de las palabras tenemos que la raíz indoeuropea *me-* (medir) construye la voz griega *metron* (medida) pero también designa *luna*, como magnitud principal de medida del tiempo en el mundo indoeuropeo arcaico. Y de *luna* pasamos a las voces latinas *mes, mensual, menstruación*. Medir, en tanto que acto de control, otorga poder y autoridad. Esto ya lo sabían los revolucionarios franceses cuando idearon su sistema métrico de medidas en 1800. La necesidad de refundar el orden impuesto por el *Ancien Régime* y dotar al pueblo francés de patrones inequívocos y universales enterró los patrones de medidas y pesos tradicionales. El fervor revolucionario de la nueva sociedad burguesa reivindicó nuevos cánones para la medida de la dimensión extensa y la temporal. Había que sustituir, a cualquier precio, el espacio y el tiempo de la tradición por otros modelos alineados con el nuevo espíritu. Algunos, refundados sobre la medición de la longitud del meridiano terrestre, y otros dispuestos en torno a la cronología recién adquirida y desacralizada del calendario republicano que se erigió en sustitución del calendario gregoriano, heredero a su vez del juliano. La *legua* que designaba la distancia que una persona podía andar durante una hora, la *milla* romana que medía la distancia caminada con mil pasos o el *pie* fueron reemplazadas por el metro y sus múltiplos. Todas aquellas medidas que dimensionaban el itinerario y dotaban de significado a la magnitud que representaban fueron sustituidas por otras que incorporaban una condición abstracta.

El Continente Próximo no surge de ningún choque de sables señalado —parece que la tecnoguerra prefiere dispersar el conflicto armado—. Pero, aunque no exista la imagen de ninguna Toma de la Bastilla, ya aflora su canon de medidas, al menos parcialmente, y nuevas magnitudes ordenan dimensionalmente la experiencia de habitar este lugar. La criptomoneda fuerza la desaparición del dinero efectivo, y el tele-trabajo y el teleocio demandan una regulación de las magnitudes que evalúan la duración de sus jornadas, la salud ciberespacial, los afectos o la propia producción. Parece necesario encontrar otros modos de medir el crecimiento del continente hipermediado si pretende-mos cultivar otros valores que interpreten la tecnología como un medio y no como un fin en sí misma.

La *cadena vital* que se ha ensayado responde a un tiempo subjetivo para dimensionar nuestra dis-tancia a otros seres, a otros tiempos. No obedece a lo objetivo u objetual, sino que emplea la subjetividad del ser como unidad métrica. Es entonces cuando se comprueba que todo se acerca y enseguida cada cual sale de su solipsismo. Como sospechábamos, a pesar de vivir absortos en un tiempo científico, el pasado está más presente de lo que muchas veces aparenta. No hace tanto de nada. Frente a la universalidad del paradigma científico, la subjetividad del cuerpo se ofrece como elemento conector de las dimensiones extensas que acontecen en el nuevo continente.

Tiempos de tecnoma

**Fig. 8. Ritos de conexión
[Eduardo Santana Hernández]**

Mientras que la información de lo que somos se encuentra perfectamente almacenada en el genoma humano, cuya secuencia fue completada por el Proyecto Genoma Humano en 2003, existe otro extraordinario registro de la evolución humana, aún por completar, que no ha recibido de la ciencia la misma atención: la palabra. Las grandes transformaciones vienen de la mano de la palabra, la sangre o el clima. Como señalé al comienzo del libro, hubo un tiempo en que las inquietas naves helenas ampliaban los confines del *mar entre tierras* —los griegos llamaban Mesogeios Thalassa al mar Mediterráneo— y, simultáneamente, el espíritu inquieto de los filósofos se afanaba en ampliar también los confines conocidos del pensamiento para encarar con rigor los problemas emergentes de aquel nuevo mundo. El filólogo y lingüista Antonio Tovar sostiene que en la prematura Grecia, la invención de un vocabulario más abstracto —ya se disponía de un amplio vocabulario descriptivo de la naturaleza— hizo de la lengua un instrumento idóneo para el desarrollo del pensamiento racional y la especulación metafísica. Palabras como *cosmos, logos, physis, mathēsis* y muchas otras acabadas en *-en, -sis* o *-tis* ya no tenían por objetivo tanto describir la naturaleza cuanto designar nociones genéricas mediante signos que permiten agrupar, comparar, distinguir o relacionar situaciones de un modo lógico.[10] Como es sabido, este paso de lo concreto a lo abstracto abrigó el nacimiento de la ciencia y de la filosofía.

Cada palabra esconde un viaje. Aquel espíritu inquieto por comprender el mundo golpea estas páginas y pone a mano un conjunto de conceptos y términos cuyo propósito es brindar al lector un acercamiento más especulativo al Continente Próximo. Desde el comienzo de la revolución digital, la comunidad científica no ha cesado de inventar palabras que describen su naturaleza. Todo un glosario de neologismos para sustantivar operaciones, componentes, campos, lugares, etc. El monto total es tan extraordinario que, a mi parecer, constituye una evidencia del cambio estructural que se opera en nuestro pequeño planeta. Como sucedió en Grecia, el supercontinente inaugura un espacio y un tiempo propios que precisan ampliar el lenguaje con nuevas voces que designen los conceptos que allí arraigan.

Comencemos por revisitar una palabra clave: *internet*. Hace mucho que este sustantivo que da nombre a la célebre red de computadoras se quedó pequeña y hueca para designar el complejo espacio/tiempo que aloja. De ahí mi obsesión por nombrar esta entidad continental cuyo espacio y tiempo habitamos. Continuaré esta exploración semántica con la palabra *manía*, documentada en los textos de Heródoto e Hipócrates. Ya saben: locura; pasión exacerbada; frenesí; furor; etc. Vaya, una palabra que designa cierto desorden mental. El viajero e historiador heleno Pausanias alude en sus crónicas a unas divinidades que él creía semejantes a las furias. En su página 4349, el *Diccionario histórico enciclopédico* describe las Manías como unas diosas que tenían un templo en la Arcadia, cerca del Alfeo, en el mismo sitio que Orestes perdió la razón después de haber matado a su madre. Manía y la consiguiente cuestión maniática aplicada a la tecnología, que llamaremos *tecnomanía*, revelan otra cualidad del determinismo tecnocientífico. Por un lado, *tecnomanía* alude a la conducta que se despliega hoy en el planeta en relación con un deseo o necesidad obsesiva, propensión o atracción incontrolable hacia la tecnología digital. Pero *manía* también se vincula con la raíz indoeuropea *men* (pensar), asociada a los términos griegos *menos* (espíritu), *mnéme* (memoria) y *mousa* (musa), por cuanto la conducta o hacer tecnomaniaco constituye una práctica global, un hacer que sanciona un ser. En una segunda acepción, a mi entender más interesante, la *tecnomanía* se postularía como espíritu de nuestro tiempo, clima cultural o *Zeitgeist*.

Por esta vía semántica no es difícil advertir el *status* de reconocimiento social que otorga la musa *tékhnē*. El culto a la última generación tecnológica, la que despunta, es profesado por un nutrido grupo de adeptos acostumbrados a consumir la primicia. Cuanto más reciente y cara sea la tecnología que se tiene en casa o en el trabajo, mayor exhibición y aclamación pública de ese aparente éxito personal. El coche, la bici, la tele o el móvil ofrecen en sus modelos recién lanzados al mercado la garantía de que a uno, a una, le va provechosamente bien. La *neofilia* mueve a muchos consumidores a aguantar largas colas a la intemperie para hacerse con el último juguete. Estos tiempos pragmáticos de dependencia y fervor tecnológico reservan al hacer una sospechosa prevalencia sobre el *pensar*. Lo cual nos lleva a poner sobre el tapete de esta partida semántica el sufijo -*ma*, derivado del griego -μα que indica el resultado de una acción (anagra-ma, axio-ma) y que utilizamos para la construcción de *tékhnēμα* o *tecnoma*, desginando el resultado de la acción de la tecnología.

Estamos en tiempos de *tecnoma* activado por la sobrenaturaleza tecnológica que incorpora el Continente Próximo. Este concepto permea en la sociedad global y subyace en no pocos discursos tecnócratas abrazados por no pocas administraciones que validan su capacidad política sobre la base de la operatividad de los expertos técnicos que componen sus equipos de gobierno. Asistimos al espectáculo semanal de la pujanza renovada del imperativo tecnológico o fascinación *tecno*-yonqui por un progreso que gravita en el *tecnoma*. Así lo veo yo.

La tecnología que salva vidas, la que acerca a las personas que viven solas, la que avanza la cultura, la que permite repoblar territorios abandonados, no es la que interesa aquí. No es la dimensión ética de los valores que encarna el consumo tecnológico la que ha de tensar estas últimas páginas. Tampoco se promueve la desconexión total y la vuelta a la bucólica granja amish, sino más bien señalar la necesidad de otras diplomacias que arbitren la cuestión tecnológica y que puedan neutralizar o atemperar el devenir del «lado oscuro del *tecnoma*». La tecnología ha de procurar el diseño de un Continente Próximo más justo, más libre y biodiverso. Resulta más sencillo proyectar *contra algo* que proyectar *en vacío* o *para algo o alguien*; por eso conviene conocer contra qué se escribe (este ensayo). En mi caso, los argumentos asedian al *tecnoma*.

La coerción digital expande indiscriminadamente su ADN algorítmico entre todos los sujetos conectados —ya sabrá que su móvil lo escucha, pese a estar apagado, y que sólo dejará de hacerlo cuando le quite la batería—. El *tecnoma* se erige en la respuesta a casi cualquier pregunta ordinaria, ejerciendo de albacea del legado positivista. Pese a que las corrientes positivistas persisten en competir por el tipo de autoridad y autenticidad que se otorga al método científico, una de las falacias comunes es la que incurre en aspirar a una imagen estrictamente descriptiva de la tecnología sin reconocer que la descripción, la representación o el nombramiento de algo es en sí mismo la constitución de algo. Como si la tecnología y el *tecnoma* fueran verdaderamente neutros, asépticos y ajenos a la condición política. Nada más lejos de la realidad: la palabra, como discurso o relato, revela la condición política. Hanna Arendt desarrolló esta tesis en *La condición humana*, donde se aborda lo político como cualidad que subyace a la existencia humana. Nombrar, por lo tanto, es una práctica política y libre que vincula discurso y acción. Se encuentra en los inicios, inaugurando lo que ha de venir. Permítanme dejar en sus manos la interpretación de las palabras de Juan (1:1-25): «En el principio ya existía el Verbo y el Verbo estaba con Dios y el Verbo era Dios. Él estaba con Dios en el principio. Por medio de él todas las cosas fueron creadas; sin él, nada de lo creado llegó a existir».

La política de las cosas, la que subyace a los objetos tecnológicos —desde un transistor microscópico, a un móvil; desde la casa, al planeta—, se ejerce desde la temprana fase de ideación del diseño. Digamos que esa tecnología que incorpora avanza con ella su designación política. Son los diseñadores los que, en primera instancia, cargan de significado político la tecnología punta, pero no son los únicos. Los usuarios finales, desde la significación política que inspiran sus prácticas de consumo, contribuyen también a la politización de los objetos. Y de nuevo turno para los diseñadores que, al conocer e incorporar la información que emana del consumo de sus productos, del comportamiento de los consumidores, trabajarán para desarrollar la siguiente versión mejorada. Y así, sumidos en un bucle sin fin, advertimos que la política de las cosas guarda correspondencia con las cosas de la política.

Pierre-Simon Laplace publicó en 1814 el ensayo *A Philosophical Essay on Probabilities* aportando la primera formulación de determinismo causal o científico según la cual si alguien (el Demonio) supiera la ubicación precisa y momento de cada átomo en el universo, sus valores pasados y futuros para cualquier tiempo dado serían deducibles de esos datos; o sea, podrían ser calculados a partir de las leyes de mecánica clásica. El Demonio de Laplace era conocedor de la posición exacta en el presente, no sólo de las cosas, sino de todos los átomos del universo. De él decía su descubridor que era «una inteligencia [...] tal que para ella nada sería incierto y el pasado, al igual que el futuro, estarían presentes ante sus ojos».[11] Ya saben que los pasados se reescriben continuamente; qué les voy a contar de los futuros. Hoy la ingente cantidad de datos y metadatos que *proporciona* nuestro comportamiento en la red permite a los algoritmos de las IA conocer(nos) y aproximarse a la hipótesis *laplaciana*. En todo caso, el pasado se reescribe con la voracidad con que se demandan los futuros. Verán, no me atrevo a afirmar que el Demonio de Laplace vive en Internet, pero nada me impide imaginarlo contemplando y aprendiendo nuevas estrategias de venta con que recalibrar los algoritmos. Con todos esos datos, adecuadamente agitados, no mezclados, el pequeño Demonio elabora perfiles *ex profeso* que permiten conocer la posición exacta de lo que ansiamos, y viene a dictar lo que a la postre somos: *candidatos.*

La red nos postula como candidatos hacia el consumo de bienes, de amigos o de conductas, determinando nuestra candidatura a un futuro encriptado por los algoritmos predictivos bajo la apariencia de libertad que confiere la *transparencia* y el candor de los datos. Ante todo, somos datos. El denominado *dataísmo*, acuñado por el filósofo de origen surcoreano Han, vendría a constituir un rasgo esencial de la Segunda Ilustración o ilustración digital, visión o religión del dato cercana al Big Brother. El *dataísmo* emerge como creencia religiosa que nos relaciona con la divinidad cibernética [Fig. 8]. En la línea de Arendt y Foucault, Byung-Chul Han denuncia en *Infocracia. La digitalización y la crisis de la democracia* esta necesidad continua de exhibir lo que somos y hacemos ante los demás. Conviene sacar el giroscopio y aplicar el giro descajanegrizante ante esta falsa transparencia como forma encriptada de dominación ejercida desde los algoritmos que construyen el Continente Próximo.

En la antigua Roma los candidatos a cargos republicanos se postulaban en las asambleas y reuniones públicas portando una túnica blanca *cándida*, muy lucida, con el objeto de llamar más la atención y hacerse visibles entre los que habían de votar y conferir aquellos destinos. Hoy abrazamos una candidatura diseñada desde la publicidad dirigida. Cada cual lleva dentro de sí al candidato o candidata apta para consumir lo que el Demonio de Laplace predice. Frágiles y vulnerables, como niños ante el escaparate repleto de pasteles.

Epílogo

Fig. 9. Entre humo y satélites: la encrucijada de nuestra era [Javier Sepúlveda Carranza]

Aunque apenas reservemos tiempo para construir una consciencia común en torno a la decadencia histórica que exhibe el mundo predigital, las dialécticas del progreso y sus dilemas habitan en lo más profundo de la condición humana. Históricamente, la convivencia con las máquinas ha deparado momentos de singular intensidad coincidiendo con la llegada de nuevos aparatos críticos que oponen la razón ética o moral a los nuevos procesos maquinistas y los ritmos y magnitudes que incorporan. Existió un tiempo en que las máquinas activaron profundos cambios sociales. En los comienzos de la Revolución Industrial, Ruskin y Carlyle denunciaban la amenaza de la naturaleza mecánica como agresión a la autenticidad del ser humano. Estos dos personajes insignes de la reforma social en época victoriana inauguraban una extensa colección de discursos utópicos, como el que subyace a la obra de William Morris, que en su conferencia «How We Live and How We Might Live»[12] alertaba sobre el papel que habría de jugar el ser humano en la sociedad maquinista británica de la Revolución Industrial. En una preclara apuesta por la redefinición de la artesanía como contrapeso a la mecanización industrial, Morris animaría finalmente al giro agrícola capaz de redirigir el rumbo de la sociedad productiva y fabril de las ciudades. Así de vigente luce el pensamiento del británico.

Precisamente, uno de aquellos días pandémicos de confinamiento humano me acordé de William Guest, el narrador y joven protagonista de *News from Nowhere*, obra cumbre de William Morris publicada en 1890 que recoge su idiosincrasia y visión utópica de la sociedad ideal. El caso es que, tras regresar a su casa de Londres, Guest se queda profundamente dormido y despierta en el año 2102, en una sociedad futura basada en principios comunes y en el amor por la naturaleza. Al salir a la calle, descubre una ciudad medioambientalmente recuperada o *renaturalizada*, como se dice ahora.

Paradójicamente, el avance de la virtualidad en el Continente Próximo ha transformado el estatus de la presencialidad, invitando a replantear los modos de ser físico. No se trata de restaurar la fisicidad pre-pandémica, sino de aspirar a una versión mejorada. El giro hiperpresencial, ligado a los nuevos materialismos, ofrece a arquitectos y arquitectas la oportunidad de proyectar espacialidades biocompatibles, con una sensibilidad renovada hacia la materia y, en el caso de la viva, hacia las formas de existencia no humanas.[13] Es inevitable pensar en estos reductos multiescalares de vitalidad y desconexión (*off line*) como biomarcadores capaces de aliviar la espacialidad aséptica que construye el *tecnoma*.

Ante el horizonte suavemente curvado del planeta Azul, William Guest pudo advertir que sobrevivimos en la reserva infinitesimal del Cosmos correspondiente a la única zona templada del Sistema Solar donde se dan las condiciones de habitabilidad precisas por las especies vivas aunque, a lo largo de nuestra vida, sean muy pocas las ocasiones que, espacialmente, reparemos en ello. Poblamos un planeta que nos provee de aire, agua y otros nutrientes, pero en realidad lo hacemos agazapados en la franja nimia de su superficie, bajo el fino envoltorio donde se acomoda, como si de una placenta amplísima se tratara, esa región atmosférica de cambios climáticos convulsos denominada Troposfera.

Y toda esa ciencia maravillosamente engranada y toda aquella substancia viva meticulosamente acoplada y renaturalizada prorrogan su ensoñación sin percatarse de que a unos cuantos cientos de kilómetros, seis mil de los doce mil satélites que completan la constelación Starlink de Elon Musk orbitan parsimoniosamente, procurando con su danza centrífuga la prometida cobertura de banda ancha para todo el astro. Francamente, al menos desde la topología, podemos afirmar que la Tierra en su completa redondez está dentro de Internet. Y que el cielo estrellado que desde los orígenes cautivó a los seres vivos, el que tantas veces fue cómplice estelar de navegaciones nocturnas y cartas astrales, nunca más volverá a ser el mismo.

De cualquier modo, y dado que un giroscopio no deja nunca de producir giros, les propongo un último giro al amparo de esta bóveda celeste satelital que confina nuestro continente. Se trata del Giro Reset, el que activa la combinación de teclas Ctrl+Alt+Delete que detiene los procesos en marcha de una computadora. Al ingeniero Dave Bradley se le ocurrió esta manera de resetear la máquina en menos tiempo, en vez de apagarla directamente como única escapatoria que nos quedaba ante los IBM bloqueados en los años ochenta. Aunque estoy seguro de que muchos de ustedes ya lo practican asiduamente. Es sencillo, mantengan pulsadas a la vez las dos primeras teclas con la mano izquierda y, a continuación, presionen con el índice de la mano derecha la tecla *Delete*. También se conoce como el *saludo de los tres dedos*, el que ejecuta el reinicio de nuestra vida digital en el Continente Próximo y, además, un oportuno saludo pirata. Y como en todo reinicio o renacimiento, el giro *reset* se ofrece como acción reparadora que incorpora al futuro desconocido el instinto de aquello que va a renacer. Por mi parte, activaré el Giro Reset mientras instintivamente evoco al Sol *invictus* romano, muso de esta Tecnosofía, que cada año renace con el solsticio de invierno para ofrecernos una renovada fotosíntesis.

Nuestro viaje concluye siguiendo las instrucciones que Mr. Bartholomew Roberts dejó concienzudamente anotadas en su código pirata el año de gracia de 1721; tan sólo faltaría cruzar nuestras manos y confiar en quienes tienen el reto de hacer renacer la especie: nuestros digitales jóvenes. A ellos y ellas, los de ahora y los de siempre, dedico este viaje.

Notas

1. La primera edición de *1984* se publicó en Reino Unido el 8 de junio de 1949. George Orwell (1903-1950), pionero en la denuncia de tecnovigilancias y totalitarismos, eligió iniciar aquel relato con la conocida y cautivadora: «It was a bright cold day in April, and the clocks were striking thirteen»; «Era un día luminoso y frío de abril, y los relojes daban las 13». En la fecha en que transcurre la distopía orwelliana Internet ya contaba con mil computadoras conectadas. Casualmente, 1984 fue el año de fundación de Cisco Systems, empresa pionera con base en Silicon Valley cuya tecnología sería clave para el crecimiento de Internet. Según Cisco, se estima que en 2024 haya cerca de treinta mil millones de dispositivos conectados a Internet.

2. La tarea de desdibujar la frontera entre el sujeto y la tecnología fue planteada por Gilbert Simondon en *Du mode d'existence des objets techniques* (1958), y más tarde retomada por Donna Haraway en su *Manifiesto Cyborg* (1985). Curiosamente, en el Japón del siglo XVII, los maestros samuráis consideraban a la *katana* no como un objeto separado del guerrero, sino una extensión de su propio ser. Quizás hoy, nuestros dispositivos sean las nuevas katanas: no meros instrumentos, sino parte de nuestra naturaleza expandida.

3. «The face of the water, in time, became a wonderful book —a book that was a dead language to the uneducated passenger, but which told its mind to me without reserve, delivering

107

its most cherished secrets as clearly as if it uttered them with a voice—. And it was not a book to be read once and thrown aside, for it had a new story to tell every day». (Mark Twain, *Life on the Mississippi*, 1883).

4. Aprovecho la ocasión para compartir el ilusionante proyecto Animawiki, repositorio de información y conocimiento libre sobre la ampliación del círculo de compasión, respeto y justicia humanas al resto de animales sintientes, como lo describe su creador Emilio López-Galiacho.

5. «In the olden days of travelling, now to return no more, in which distance could not be vanquished without toil, but in which that toil was rewarded, partly by the power of deliberate survey of the countries through which the journey lay, and partly by the happiness of the evening hours, when, from the top of the last hill he had surmounted, the traveller beheld the quiet village where he was to rest, scattered among the meadows beside its valley stream; or, from the long-hoped-for turn in the dusty perspective of the causeway, saw, for the first time, the towers of some famed city, faint in the rays of sunset [...]». John Ruskin. *The Stones of Venice*, 1851. Citado por Miguel Guzmán (2022, pp. 128) en su tesis doctoral «Partenón estallado: atlas de una máquina simbólica» leída el 30 de marzo de 2022 en la Sala de Consejos de la Escuela de Arquitectura de Madrid, ETSAM, y calificada con *cum laude* por un tribunal del cual tuve la suerte de formar parte.

6. Teorema de rotación de Euler (1776): «Rotando una esfera de forma arbitraria alrededor de su centro, siempre es posible encontrar un diámetro cuya posición tras la rotación es igual que

la inicial». Apliquese a todos aquellos sujetos que dicen ser partícipes de un giro dado, pero que, por ocupar el lugar preciso del diámetro que señala el teorema, son partícipes de la rotación, pero en verdad no giran.

7. Este volumen que tiene entre manos es la primera parte de una trilogía que reserva una segunda parte a explorar la noción de giroscopio y donde se desarrollan los giros aquí apenas presentados.

8. «Technology is the answer... but what was the question?». (Cedric Price, 1966).

9. Esto mismo les cuento a los estudiantes de arquitectura cuando enfrentan la acción de proyectar bajo el corsé asistido del *software* de turno. Si bien la capacidad de anticipar, modelar, evaluar o simular arquitectura ha ido derivando en un control más *fino* del proyecto, observo a menudo cómo la herramienta de diseño lastra otras prácticas autocríticas y exploratorias.

10. Para profundizar en este tema está disponible el ciclo de conferencias «La Grecia antigua» que el profesor Tovar impartió en la Fundación Juan March entre octubre y noviembre de 1980.

11. Bachiller, R. registra en *Astronomía: de Galileo a los telescopios espaciales*, la célebre conversación que adjunto para su interés: «Napoleón, refiriéndose a la obra *Exposition du système du monde*, comentó a Laplace: 'Me cuentan que ha escrito usted este gran libro sobre el sistema del universo sin haber mencionado ni una sola vez a su Creador'. A lo que Laplace contestó 'Sire, nunca he necesitado esa hipótesis'. Esta respuesta de Laplace hacía referencia a que, un siglo antes, cuando Newton aplicó al sis-

tema solar su ley de gravitación, al no ser capaz de explicar las anomalías de los movimientos de Júpiter y Saturno, argumentó que tales anomalías se debían a la voluntad divina. Laplace parecía querer mostrar, además de una cierta superioridad sobre Newton, que sus teorías sólo estaban basadas en la ciencia positiva. Cuando Napoleón, divertido por la respuesta de Laplace, le comentó la anécdota a Lagrange, este último exclamó '¡Ah! [Dios] Es una bella hipótesis que explica muchas cosas'. Napoleón también le contó esto a Laplace, a lo que éste muy astutamente argumentó: 'Aunque esa hipótesis pueda explicar todo, no permite predecir nada'. Estas anécdotas revelan el ateísmo de Laplace».

12. Dictada el 30 de noviembre de 1884 en la Hammersmith Branch of the Socialist Democratic Federation (SDF), Kelmscott House.

13. Mando un saludo avícola a mis compañeros del proyecto de investigación Avecinas-CM, que explora el hábitat de las aves en la ciudad: las aves como vecinas, siendo estas un indicador del estado saludable de las ciudades. Ha llegado el momento de los edificios porosos, donde se posen y aniden las aves.

Imaginario Artificial

Cada libro admite tantas lecturas como imaginarios evoque a sus lectores. Las nueve imágenes que acompañan este ensayo han sido elaboradas por un grupo de humanos jóvenes y próximos que, amablemente, aceptaron el reto de dialogar con mis palabras. Tan solo hubo una condición previa por mi parte: hacerlo mediante inteligencia artificial. Mi agradecimiento sincero a todos ellos; su talento, generosidad y creatividad son un valioso regalo para este proyecto.

Figura 1: ☆⁺ ∞-bit ⁺⟡
Autor: Alberto Calderón Rivas
IA: Stable Diffusion 1.5 + ControlNet + PixelBIN
Las limitaciones técnicas de las primeras computadoras obligaban a una estética digital comprimida en 8-bits, alimentando las soluciones creativas hipertécnicas y haciendo partícipe a la imaginación de quien observara. Hoy, la obsesión por la miniaturización y el aumento de potencia facilita el renderizado de imágenes, pero homogeneiza y estandariza resultados. Los cantos de la sirena tecnofílica nos alejan del sugerente pixel y nos seducen con el hiperrealismo más complaciente.

Figura 2: El descanso del viajero.
Autora: Alexia Gray
IA: Fooocus
La imagen ha sido generada por inteligencia artificial usando como *prompt* la cita literal en lengua inglesa de John Ruskin (*The Stones of Venice*, 1851) que encabeza el capítulo dos.

Figura 3: Medio planeta.
Autor: José María González del Pozo
IA: Midjourney + CLIP
El objetivo era crear mediante IA un planeta Tierra dividido en dos hemisferios, uno de ellos completamente poblado por una mega-ciudad y otro abandonado por los humanos. Cabe señalar que antes de llegar a la imagen finalista, la IA comenzó a generar rostros humanos terraformados de frente y de perfil.

Figura 4: *Suite* máxima en nueve movimientos
Autor: Enrique Villamuelas
IA: CLIP
Imágenes generadas mediante un proceso de optimización neuronal que conecta texto e imagen. El proceso optimiza cada píxel para maximizar la respuesta neuronal del modelo a una descripción textual, revelando parcialmente sus representaciones internas. De izquierda a derecha: público, privado e inteligente. De arriba a abajo: espacio, casa y ciudad.

Figura 5: Paisaje en fuga
Autora: Elena Rivas
IA: Fooocus + ChatGPT
Imagen producida a partir del *prompt* (original en lengua inglesa): «Genera la imagen de un paisaje inspirado por El arte de la fuga BWV 1080 de Johann Sebastian Bach. Evita mostrar instrumentos musicales, tan solo lo que la melodía te sugiera. Utiliza una cámara fotográfica Sony Alpha 7III con una lente de 50mm». En el proceso de iteración iconográfica la IA produjo paisajes con diferentes ritmos topográficos y vegetales que evocaban las composiciones de Bach.

Figura 6: Like4Earth
Autor: Ángel Cobo Alonso
IA: Stable Difussion + Adobe Firefly + ChatGPT
La materia mineral fría y fragmentada se mezcla con la materia caliente de las pantallas encendidas y brillantes. Así interpreta la IA la tensión entre el consumo digital y la explotación de recursos naturales.

Figura 7: #0b300e Phosphorus
Autora: Mishelle Valderrama
IA: Midjourney
El color hexadecimal #0b300e es el verde más oscuro de la paleta de 16 colores que cargaba el monitor GT 65 del Amstrad CPC (Colour Personal Computer) 464, una computadora que salió al mercado el 21 de junio de 1984 para competir con el Commodore 64 y el Sinclair ZX Spectrum.

Figura 8: Ritos de Conexión
Autor: Eduardo Santana Hernández
IA: Midjourney + Photoshop
La imagen condensa, en una trama visual de naturaleza sometida y tecnología omnipresente, la esencia de un tiempo donde la humanidad, abstraída y conectada, transita entre la creación de su progreso y la sombra de su propia alienación.

Figura 9: Entre humo y satélites: la encrucijada de nuestra era
Autor: Javier Sepúlveda Carranza
IA: Leonardo.Ai + ChatGPT + Midjourney

113

La Revolución Industrial impuso el dominio del progreso mecanizado sobre los modos de producción artesanal y la vida rural. Los satélites de Starlink cruzan el cielo sobre ciudades que evocan aquel legado, mientras un caminante reflexivo, encaramado en una montaña de desechos, parece dialogar con la conciencia celeste de Gaia.

Bibliografía

AICHER, Otl; VOSSENKUHL. Wilhelm. *Analógico y digital*. Barcelona: Gustavo Gili, 2001.

ARENDT, Hannah. *La condición humana*. Barcelona: Paidós, 1993.

BACHILLER, Rafael. *Astronomía: de Galileo a los telescopios espaciales*. Madrid: Editorial CSIC-CSIC Press, 2009.

BRAIDOTTI, Rosi. *Lo posthumano*. Barcelona: Editorial Gedisa, 2015.

BLUMENBERG Hans; MADRIGAL, Pedro. *Trabajo sobre el mito* [1979]. Barcelona: Editorial Paidós, 2003, p. 314. Citado en ANDRÉS, Ramón. *Filosofía y consuelo de la música*. Madrid: Acantilado, 2020, pp. 81.

DANTE, Alighieri; ECHEVERRÍA, Abilio (trad.). *Divina comedia*. Madrid: Alianza editorial, 2013

ECHEVERRÍA, Javier. *Los señores de aire: Telépolis y el tercer entorno*. Barcelona: Destino, 1999.

ECHEVERRÍA, Javier; ALMEDROS, Lola S. *Tecnopersonas: cómo nos transforman las tecnologías*. Gijón: Ediciones Trea, 2023.

GÁLVEZ, María Auxiliadora. *Espacio somático. Cuerpos múltiples*. Madrid: Ediciones Asimétricas, 2019.

GARCÉS, Marina. *Nueva ilustración radical.*
Barcelona: Anagrama, 2017, pp. 56.

HAN, Byung-Chul. *En el enjambre.*
Barcelona: Herder Editorial, 2014, p. 11.

HAN, Byung-Chul. *Infocracia: La digitalización
y la crisis de la democracia.* Barcelona: Taurus, 2022.

I CARRERA, Vicenç Joaquín Bastús.
Diccionario histórico enciclopédico. Barcelona: Imp. Roca, 1828.

KANT, Immanuel. *Crítica de la razón pura.* Madrid: Gaspar, 1883.

LAPLACE, Pierre-Simon. *Pierre-Simon Laplace philosophical essay
on probabilities: translated from thefifth french edition of 1825 with notes
by the translator.* Springer Science & Business Media, 2012.

LATOUR, Bruno. *La esperanza de Pandora: ensayos sobre la realidad
de los estudios de la ciencia.* Barcelona: Editorial Gedisa, 2021.

LATOUR, Bruno. *Re-ensamblar 10 social. Una introducción a la teoría
del actor-red.* Buenos Aires: Manantial, 2008.

LOVELOCK, Jim E. *Pertenecemos a Gaia.*
Barcelona: Gustavo Gili, 1983.

MOROZOV, Evgeny. *To Save Everything, Click Here:
The Folly of Technological Solutionism.* New York: PublicAffairs, 2013.

MORRIS, William. *News from nowhere*.
Peterborough: Broadview Press, 2002.

PLATÓN; LLEDÓ, Emilio (trad.). *Fedro*.
Barcelona: Editorial Gredos, 2010.

QUIGNARD, Paul. *La noche sexual*.
Madrid: Editorial Funambulista, 2014, pp. 76.

RUSKIN, John. *Las piedras de Venecia*. Barcelona: Biblok, 2016.

STENGERS, Isabelle. *Reactivar el sentido común:*
Whitehead en tiempos de debacle. Barcelona: NED Ediciones, 2022.

THOREAU, Henry David. *Walden*.
Madrid: Errata Naturae Editores, 2013.

WEGENER, Alfred. *Die Entstehung der Kontinente*.
Petermann's Geographische Mitteilungen, 1912. P.58.

WILSON, Edward O. *Half-Earth: Our Planet's Fight for Life*.
Nueva York: WW Norton & Company, 2016.

ZAFRA, Remedios. *El bucle invisible*.
Oviedo: Ediciones Nobel, pp. 70; 114.

ZAFRA, Remedios. *(H)adas. Mujeres que crean, programan,*
prosumen, teclean. Madrid: Páginas de Espuma, 2013.

Este libro se terminó de imprimir
en Madrid, en marzo de 2025